改变世界 中国杰出企业家研究系列丛书

为世界留下东方企业家的商业智慧与管理思想

苏勇 主编

良知化蝶：徐少春管理思想探究

李 敏 黄晓菡 许宝妮 周 洁◎著

企业管理出版社
ENTERPRISE MANAGEMENT PUBLISHING HOUSE

图书在版编目（CIP）数据

良知化蝶：徐少春管理思想探究 / 李敏等著. --北京：企业管理出版社，2020.9

（改变世界：中国杰出企业家研究系列丛书 / 苏勇主编）

ISBN 978-7-5164-2214-4

Ⅰ.①良… Ⅱ.①李… Ⅲ.①企业管理—研究—中国Ⅳ.①F279.23

中国版本图书馆CIP数据核字(2020)第172102号

书　　名：良知化蝶：徐少春管理思想探究
作　　者：李　敏　黄晓菡　许宝妮　周　洁
责任编辑：徐金凤
书　　号：ISBN 978-7-5164-2214-4
出版发行：企业管理出版社
地　　址：北京市海淀区紫竹院南路17号　　邮编：100048
网　　址：http://www.emph.cn
电　　话：编辑部（010）68701638　发行部（010）68701816
电子信箱：qyglcbs@emph.cn
印　　刷：河北宝昌佳彩印刷有限公司
经　　销：新华书店
规　　格：170毫米×230毫米　16开本　12.25印张　145千字
版　　次：2020年9月第1版　　2020年9月第1次印刷
定　　价：58.00元

改变世界
中国杰出企业家研究系列丛书

编委会

丛书总序

在中国现代化进程中，企业家是处于改革开放最前列的一个重要群体。他们率先感受到市场经济大潮和全球化竞争的严峻，以自己的智慧和胆识，带领日益强大的中国企业在世界舞台上一展身手，用自己的思想和行动改变着这个社会，改变着这个世界。

1911 年，管理学发展史上的奠基之作《科学管理原理》（*The Principles of Scientific Management*）出版发行，标志着管理学作为一门学科的诞生，它使得管理从一种简单的实务行为上升为一门科学理论。在此后约 100 年中，管理学领域几乎是西方世界一统天下。以美国管理学者为代表的西方管理学界，创造了诸多管理学理论和方法，为管理学科做出了巨大贡献。这一贡献虽然功不可没，有其一定的历史合理性，但也存在诸多缺陷。因为，管理除了有其科学属性，还具备文化属性。管理思想和行为不仅是一种科学，同时也是一种文化。在多元的世界文化体系中，不能只是一种声音。

管理的文化属性主要体现在两个方面。

第一，管理是一种文化的积累，任何一个国家或组织的管理理论和管理方式，都非凭空产生，都有一个文化延续和发展的过程。当今的任何一种管理思想都有先前文化成果的积淀。

第二，现实组织中采用的任何管理方法或手段，无不受到该组织所赖以存在的社会文化环境影响，因而会留下深刻的社会文化烙印。任何组织都是社会的一个细胞，组织的生存、发展不能脱离社会大环境，再好的管理思想和方法，只有在适合它的社会和文化环境中，才能发挥有效作用。这也充分体现出管理活动和思想有其文化依存性。就这一点而言，任何管理活动都不能忽视文化的作用，不能忽视管理者及组织的文化差异性。

既然我们承认管理是一种文化，管理活动有其客观的文化依存性，管理的有效性要充分考虑管理者和被管理者及所在组织的社会文化情境，那么，我们就既要承认西方管理学思想有其重要的科学性和规范性，在企业发展过程中起着非常重要的作用，呈现出其独特魅力；同时也要认识到，东方社会和组织虽然表现形式不同，但也应当在实践中总结、概括和提炼出自己独特的管理思想。我们应当看到，长期以来，东方社会的企业管理中也一定存在一系列发挥着卓有成效作用的、独特的管理思想。

本丛书的撰写出版正是基于这样一个目的。

2014年秋，由复旦管理学奖励基金会联合上海第一财经传媒有限公司、复旦大学东方管理研究院，隆重启动了“改变世界：中国杰出企业家管理思想访谈录”项目。项目计划用5年时间，访谈50位最优秀的中国杰出企业家。这些企业家，在中国40余年改革开放大潮中，投身于社会主义市场经济的汪洋大海，奋力拼搏，砥砺前行，用自己的智慧、毅力和辛劳，为中国经济和社会发展做出了巨大贡献，同时也产生了丰富的管理思想。

在本项目的实施过程中，我们希望认真了解每一位杰出企业家精彩的管理实践，深入剖析其深邃的管理思想，系统总结其独树一帜的管理理论。项目主要成果有四。一是将每一季访谈企业家的对话实录汇编成书，命名为《改变世界：中国杰出企业家管理思想精粹》，目前已经出版4本简体字版，并在中国台湾出版3本繁体字版，该书原汁原味地反映企业家的管理理念和思想。二是拍摄、制作并发行企业家电视系列专题片，通过第一财经电视频道及腾讯视频等媒体平台向全社会播出。截至2019年年初，已经播出31集。三是如今呈现在读者面前的“改变世界：中国杰出企业家研究系列丛书”。我们组建了由全国多所大学管理学教授、博士领衔的多支一对一研究团队。研究团队在访谈之前认真研读相关资料，撰写出企业大事记和对企业家详细的访谈提纲。同时，深入企业调研访谈，认真研读各项素材，并广泛涉猎关于该企业的各种资料，在此基础上与团队合作，反复研究、提炼和聚焦该企业最核心，同时又最具有东方特色的管理思想和智慧，数易其稿，提供给读者一份基于丰富实践和成功经验的具有东方特色管理思想的盛宴，为世界管理学贡献中国智慧。此外我们还结合访谈研究，撰写了多篇管理学案例。

诚如生物需要有多样性一样，管理学的发展同样需要多视角的研究。只有打破西方管理学理论一统天下的局面，管理学才能获得健康发展。而经历 40 余年改革开放历程的中国企业，也迫切需要在契合中国企业实际的管理学理论引领下，以更加科学和实事求是的态度，认真思考和探讨东西方管理思想的融合，并有效指导企业的管理实践。

中国企业正以其日新月异的新姿态，昂首阔步走向世界经济舞台。愿我们的工作，为中国企业助力，为中国管理学发展助力。

教授　博士生导师　丛书主编

复旦大学东方管理研究院院长

复旦大学管理学院企业管理系主任

2019 年春　于复旦大学

序 言

新一代信息技术的大爆发，引起社会、经济等各个方面的急速变化，问题也纷涌而来。在这种环境下，任何一个组织和个体都不得不进行“如何面对未来”的思考。关注这样的问题，走可持续发展之路，是“反思型实践者”的使命与追求。“反思型实践者”具有敏锐感知变化、恪行反求诸己、听从内心召唤、勇于接受挑战等属性。金蝶国际软件集团有限公司（下文简称金蝶）是一家专注于技术研发的软件公司，应用情景下技术的不断革新，是公司进步的鲜明标志。金蝶创始人徐少春先生无疑是一位典型的“反思型实践者”。

人类最伟大的发现是创造的过程，是提出“新现实”的过程。徐少春提出“让天下没有假账”的宏愿，就是一个惠及全社会的美好的“新现实”。很多组织和个人想必也曾有过这般的宏愿，但事实是，受惯性影响，人们在学习、识别新事物的过程中往往会选择按照过去的经验进行操作，因此，很难产生新的行动。正如荷兰皇家壳牌集团前任计划协调员阿里·德赫斯 (Arie de Geus) 所说，“新现实”产生的迹象根本无法渗透进公司的免疫系统。那么“新现实”要如何实现呢？金蝶给了我们一项极富现实意义的启示：传统文化与现代企业经营管理的融合。

“致良知，走正道，行王道”是金蝶的核心价值观，“致良知”的理念出自阳明心学这一中国传统管理哲学的重要组成部分，强调对个体最原始的“纯良之心”的回归。徐少春认为，“致良知”帮助他找到了人生最大的快乐，那不是躯体之乐，而是心灵之乐；人生最大的财富是心灵宝藏，它远重要于其他财富，而想要收获这份宝藏，就要不断提升心灵品质。他发现，“致良知”是打开这份宝藏的核心密码。

以“纯良之心”，走求“道”之路，金蝶的核心价值观体现出由本心及行为、由本心及事业的一致性，简单来讲，就是“知行合一”。《大学》中提道：“自天子以至于庶人，壹是皆以修身为本。”修身齐家治国平天下，伟大的领导力和成就根源都在于个体的内在教化。U 型理论创建者奥托·夏莫（C.Otto Schamer) 也指出所有伟大发现都源于深层的内心历程。这些研究都表明打开思维、心灵和意志才是真正的、自主的学习的开始。对个体精神力量的明悟，引起徐少春对个体发展产生更深层的思考。金蝶试图通过以核心价值观为精髓的企业文化建设，实现对个体“知行合一”能力与意识的培养，进而实现对个体的激活，乃至组织层面的“无为而无不为”。就其近些年的相关表现来看，金蝶在文化建设方面成效显著，也充分证明了我国的传统管理哲学与现代企业管理实践两者良好融合的可能性。

同时，徐少春始终坚定强调技术的战略意义，十分注重技术革新，希望通过技术赋能业务、赋能管理。他认为，现阶段在金蝶存在也应当存在两种伟大的力量：一个是“互联网＋”，另一个是“致良知＋”。他预测在这两种力量的相互影响下，呈现出来的将是人与人的连接、企业与企业的连接、心与心的连接。技术和心智的双重赋能，引起连接的不断延展和加固，是金蝶实现长期有效发展的重要路径。

立“哲学”为基，行“创新”之事。徐少春强调看待任何事情都要有哲学思想，“致良知”就是一种哲学思想。学习“致良知”，让金蝶员工看待万事万物时都遵从同一个逻辑，那就是心—道—德—事。在事上用功，会有进步，但是进步小；在德上用功，德是仁爱、是胸怀、是能量，你的所见会不同于以往；在道上用功，我们的格局和境界随之提升，提高站位再来看世界时，你会发现黑暗中的问题都不是问题，因为你已经身处光明世界里了。在徐少春看来，任何事情都可以遵循心—道—德—事的逻辑去做。心是道的源泉，道是德的根本，德是事的根源，厚德才能载物（事），德的厚薄决定事的高低优劣。统一的哲学思想赋予金蝶发展以内生的稳定力量，创新则能够为组织带来另一种强大的“破坏性”的力量或者说“破局之力”，两种力量彼此交融，使得企业的韧性得到发展。

在创新发展方面，徐少春拥有极强的创新意识，他提出金蝶要勇于自我更新、自我批判，敢于主动出击、直面挑战。那么应当如何实现自我更新，重建整个知识体系？徐少春认为，建立危机意识是基础条件和重中之重。企业每天都在登山，只有时刻活在生死线上，站在悬崖边上，居安思危，时刻保持警惕，才会拥有自我更新的主动意识，才会以非营利组织所不具备的内在冲动，披荆斩棘，开辟出支持企业前行的康庄大道。未来十年是产业互联网时代，产业互联网和各行各业都在颠覆、创新，价值链也正在重构。创新能力决定了企业的发展速度与规模，尤其在IT行业，这种能力显得更为关键。金蝶员工这样评价Robert（徐少春英文名），他是一个主动求变、主动创造、主动变革以赢得主动权的人，他是一个希望引领时代的人。这是融在他骨血里的、最本质的东西，或许旁人看来转型是痛苦的，但他在这件事情上永远是往前看的。徐少春提出中国软件企业重任在肩，我们要走出自己的路！金蝶顺应时代，不断开发新产品。中国企业要真正面向世界，就不能停留在“Made in China”的阶段，而是要达到“Brand in China”和“Created in China”，中国品牌和创新体现的原创力才是竞争力的核心。中国企业要有自己的个性才能生存和发展。在软件生态体系中，徐少春时刻保持危机感，回顾金蝶每一次重大转型，都离不开他的主动出击。不忘初心，不断突破自我，坚持“产品领先”，是金蝶决胜千里的秘诀。2013年，金蝶在“ERP+云管理”转型上初见成效。

2014年，金蝶中期业绩报告显示，云服务业务获得同比125%的高速增长，约占集团总收入的5.4%。这一年的五四青年节，徐少春化身“热血青年”，当众砸掉自己的电脑，宣布移动互联时代的到来。同年8月8日，徐少春又化身“海盗船长”和客户一起，砸掉服务器，正式成立“ERP云服务事业部”。这一次次的“砸”，表面上砸掉的是电脑和服务器，但实质上砸掉的是旧思维，砸掉的是恐惧变化的心理。金蝶要以海盗精神颠覆ERP行业，和中国企业一道共同实现移动互联网转型，为中国经济发展贡献智慧力量。对此，北京大学国家发展研究院BiMBA商学院院长陈春花教授评价道：“金蝶在迈向云端这个进程中走得很靠前。”从云计算服务到云管理平台的关系，金蝶逐步实现与客户的近距离、零距离接触。

关注“个体内心”的商业模式创新、建立企业生态发展体系和管理情境化是这一发展过程中徐少春管理思想的重要闪光点。

关注“个体内心”的商业模式创新。金蝶愿景是成为“最值得托付的企业服务平台”。要想实现这个愿景，徐少春认为最终还是要靠人，要靠“人心”，正所谓“人心齐，泰山移”。金蝶要基于对“个体内心”的关注，重新设计新的商业模式。这意味着金蝶要进行匹配的产品创新，要向客户和用户展现更大价值和创造力。金蝶战略有1.0、2.0和3.0版本，3.0的本质就是提高金蝶人的心灵品质，不仅如此，金蝶还要帮助它的用户、客户、伙伴和其他利益相关方，提高他们的心灵品质。徐少春认为金蝶跟客户的关系不应该是单纯的交易和买卖关系，而是一个生命唤醒生命的连接。总的来说，金蝶希望通过触发人的良知来推动组织内部工作的开展及组织内部与组织间关系的融洽。金蝶不要独善其身，而是要与利益相关方建立起心与心的连接，并实现共同进步。

建立企业生态发展体系。企业生态系统是指企业与企业生态环境形成的相互作用、相互影响的系统，在一定区域内，和生物一样，没有一个企业个体或单个组织是能够长期单独生存的。在实现组织内部与组织间个体心与心连接的基础上，金蝶通过发展“尊重每一个个体”的意识和强化技术创新的应用，实现对于“连接”的加固。同时，在金蝶与金蝶人慈善、志愿服务等公益活动的持续影响下，金蝶的口碑、声誉与社会形象得以提升。金蝶生态系统中的“阳光”与“土壤”资源随之得到不断的更新与升级，实现组织生态中的“自然条件”优化。金蝶生态体系因此得以建成和得到更好的发展。

管理情境化。徐少春关注中国管理实践，倡导新商业文明，认为中国管理模式在现代中国企业中具有极强的现实价值。2004年，他应邀参加中国企业家年会，发表了题为《中国企业有个性才能发展》的演讲，首次对外阐述他对中国管理模式的理解。他认为："简单借鉴和学习或者模仿国外的管理思想和理念，忽视我国特有的文化，对中国企业来说是一个潜藏的危险。"2006年，徐少春在中国企业家领袖峰会上发表《全球化时代的中国管理模式》演讲，指出：在新的时代里，中国企业如果完全采用西方模式进行管理，可能难以取得较好的成效，反而容易陷入自我的死循环和困局当中，并提出下图的中国管理模式三角模型，模型中上角为中国管理哲学，左下角是西方现代管理科学，右下角是中国现代管理实践，他认为这三者都是中国管理模式的重要组成成分，缺一不可。也可以这样理解：哲学是思想，是价值观；科学是制度，是行为准则；实践则是引导理念落地于企业的"牵引绳"。企业家是一类特殊群体，他们既带领员工为社会提供最好的产品和服务、创造社会价值，同时也承载了为这一群人寻找生命意义的使命。在这样一个急需蓄养，急需精神力量的时代，每一个企业家其实都有一份"把工作变成道场，贡献管理思想"的责任与义务。

图　中国管理模式三角模型

总的来看，徐少春的管理思想主要特色是以心为始、以心为终，涉及企业战略、投资、人力资源和运营等多个方面，或许可以用“产品至上、服务为王、创新做基、共建共生”十六个字做初步概括。本书试图从传统文化的视角来就其管理思想做进一步勾画。当今世界互联网、人工智能、区块链、物联网等高新技术集中出现，一定会促进人类文明实现又一次飞跃，这是历史的必然，也将在不远的未来成为现实。与此同时，新科技让个人的潜能得到极大的释放，要想实现个人更好的发展就必须要改善个人的思维模式，刺激善的力量从而泄去恶的力量；要想实现企业的有效转型就必须改善企业的思维模式，也就是改善企业中的人的思维模式。但要想实现思维模式的改善是非常不容易的，学习中国传统管理哲学、体悟传统文化应当可以为我们带来一定启迪。

本书写作团队随同复旦大学苏勇教授和《第一财经》摄制组亲历对董事会主席徐少春及金蝶高管的访谈，查阅金蝶成立以来的资料和相关书籍，完成徐少春的管理思想记录与诠释。特别感谢金蝶的支持与指导；特别感谢金蝶中国管理模式研究院院长曾昊博士的大力指导与帮助。本书由李敏、周洁、谢碧君统稿审核；第一章、第五章作者许宝妮；第二、三章作者黄晓菡；第四章作者周洁。

李 敏

2020 年 6 月 5 日

目　录

第一章

道生之·以心为始

圣贤之路，唯有四事相规：一曰立志，二曰勤学，三曰改过，四曰责善。

——王阳明

徐少春说，我们很庆幸生活在一个伟大的时代，我们拥有两种伟大的力量，一个是“互联网＋”，一个是“致良知＋”。我相信在“互联网＋”这个大的形势下，“道生之”所呈现出来的是人与人的连接、企业与企业的连接、心与心的连接。如果没有心与心的连接，我们在互联网上连接在一起是形同虚设。

金蝶 27 年的转型探索之路，就是一个寻找道的过程。2011 年，金蝶确立了新的核心价值观——“走正道、行王道”，到了 2016 年，加上了“致良知”，改成“致良知，走正道，行王道”。核心价值观的这一变化，说明金蝶对“道”的认知又到了一个新的境界。“这个‘道’就是清澈的良知”。

立志

在《教条示龙场诸生》中，王阳明写道：“志不立，天下无可成之事……故立志而圣，则圣矣；立志而贤，则贤矣。志不立，如无舵之舟，无衔之马。”首先，这里所说的“志”，就是指正确的理想和坚定的意志。其次，立志要“专”。“专”

就是指不能三心二意，“志”太多不便于集中精力，往往很难成功。他说：“时时刻刻须是一棒一条痕，一掴一拳血，方能听吾说话，句句得力。”最后，王阳明强调，“持志”要真切。个体的志向一旦确定下来，就要排除一切干扰、持之以恒地坚持下去。他说：“持志如心痛。一痛在心上，岂有功夫说闲话、管闲事。”王阳明坚持人不仅要立志，更要立志于“为善”。徐少春的创业之路，金蝶的发展之路，是立志、实现、再立志的过程，“立志”是金蝶各项业务不断创新的必要条件。

用金蝶软件，打天下算盘

1983年8月，毕业于南京工学院（现东南大学）计算机科学与工程系的徐少春，被分配到武汉一家工厂工作，工作中的不如意使徐少春萌生了报考研究生的想法。1985年，徐少春考上财政部科研所财会电算化研究生，研究生期间他在《电子财会》杂志上发表了一篇关于会计软件的标准化、通用化和商品化的文章。这篇文章引起了当时武汉无线电总厂一名退休总会计师的注意，他立即写信给徐少春，在信中表达出对他文章的赞许，表明想同他一起合办软件公司的想法。从那时起，会计和计算机相结合形成一个商品化的软件就在徐少春心中埋下了种子，他开始有了一种概念，一种冲动。

研究生毕业后，徐少春被分配到了山东税务局，工作了几个月之后到深圳蛇口中华会计师事务所从事电脑、审计等方面的管理工作。1991年5月，他从蛇口中华会计师事务所辞职，创立了民营科技企业——深圳爱普电脑技术有限公司，并赢得了深圳第一批电算化使用者，如南方制药厂、深圳晶都酒店等用户的信赖。同年11月，徐少春独立开发的爱普电脑会计系统V1.0版通过了深圳市财政局的评审，为推动深圳市会计电算化提供了重要的技术保障，并打破了外资企业财务管理软件完全依赖进口的局面。

1993年，徐少春吸收国内资金，接受美籍华人的投资，于当年8月8日成立了深圳金蝶软件科技有限公司。徐少春回忆道："那个时候我看到财务人员工作非常辛苦，每天记账、算账、噼里啪啦地打算盘，面对这样的一种工作场景，我说我一定要把他们从繁重的、枯燥的劳动当中解放出来，帮助他们摆脱苦海，而当时流行的《思念》里唱道：'你从哪里来，我的朋友，好像一只蝴蝶飞进我的窗口'正好唱出了我的心声，希望自己的软件能够变成一只蝴蝶飞到他们的窗口，给财务人员带去美好的祝福。"这也正是"金蝶"二字的由来，对徐少春而言，这既是一种愿景，更是一种使命和情怀。

1994年，微软第一个简体中文版本的Windows操作系统——Windows3.2横空出世，没有了语言障碍，这款软件登陆中国后慢慢流行了起来。徐少春接触和研究了Windows操作系统后，他发现这款操作系统相较于复杂的DOS操作系统，界面更加美观和实用，基于Windows平台开发出来的财务软件可以将财务软件的模块完美集成在一起。徐少春意识到，Windows操作系统将会很快替代DOS操作系统。一个大胆的想法开始在他脑海中形成，那就是开发一款基于Windows操作系统的财务软件。

20世纪90年代中期的中国，大部分企业的电脑所使用的操作系统仍然是DOS系统，基于Windows系统的财务软件可以说是无人问津。而业界也普遍认为，在当时的技术条件和市场环境下，Windows 操作系统的普及需要等到 2~3 年之后。而金蝶在业内的主要竞争对手也都认为使用 DOS 版财务软件的客户在短时间内无法跟上最新的 Windows 系统，从而搁置了在 Windows 操作系统上进行软件研发的计划，只是专注升级改善 DOS 版的财务软件。

对徐少春而言，他对以技术领先的产品战略已经思考成熟，而当下正是他运用和检验这一战略的最佳时机。1995 年，深圳是中国计算机应用水平领先的城市之一，Windows 版财务软件需要的硬件条件是至少有 8M 内存的 486 计算机，而这一硬件设备当时正好在企业里大面积普及。就在 1994 年微软推出中文版操作系统之后，经过短时间内对 Windows 新系统的熟悉，金蝶的研发团队马上就开始了基于新操作系统的产品研发。

功夫不负有心人，经过短短不到一年时间的研发，金蝶在 1995 年春节后推出了中国第一款基于 Windows 操作系统的财务软件“金蝶财务软件 For Windows 1.0 版”。经过一年的系统改进，1996 年，金蝶财务软件标准版 V2.5 For Windows 正式向海内、外市场进行发售，这一举动促成了财务软件由 DOS 向 Windows 平台的迅速转移，并彻底改变了当时的财务软件格局。徐少春以技术制胜的战略远见帮助金蝶抓住了从 DOS 向 Windows 转型的重要机遇，以市场开拓者的创新精神实现了金蝶的第一次飞跃。

1996 年 7 月，金蝶作为深圳经济特区 15 周年优秀民营企业赴京汇报展览，金蝶软件通过了财政部评审，并于 10 月跻身全国财务软件“四强”。在深圳，有近 80% 的企业都在使用金蝶财务软件。采访中徐少春谈道：“当时我们的软件产品界面就像一个房子，我们把他定义为会计之家，里面有凭证、报表等，把会计处理的各个功能和流程都结合在这里，给大家眼前一亮的感觉，同时我们的系统也很稳定，效率也很高。所以 1996 年推出的时候就一炮走红，很快打开了全国市场，从 DOS 到 Windows 的转变，让我们由一家深圳的软件公司迅速成为一个全国性的软件公司，可以说取得了巨大的成功。”

迈克尔·波特(1980)提出了企业竞争的三个基本竞争战略：总成本领先战略、差异化战略和集中化战略，而徐少春一直思考的技术领先正是差异化战略的一种体现。中文版 Windows 操作系统的出现和 8M 内存的 486 计算机的大量普及让徐少春看到了希望，面对同行的迟疑、质疑，徐少春坚守着自己内心的想法，超前的创新意识让他在机会面前没有退缩，而是选择了挑战。工科背景出身的徐少春，没有接受过完整的管理学教育，创业初期便忙于产品设计和推销，也没有系统地学习过相关理论，而他却有着产品与技术为王的追求，因为他心中有一个信念：“让财务工作者从繁重的工作中解放出来，让中国软件在世界崛起。”徐少春在实践中检验了差异化战略所具有的竞争优势，而这一基本竞争战略现在依旧是企业进行战略决策的重要依据。

从 1993 年到 1996 年，金蝶一路走来无疑是成功的，但也有过被质疑。徐少春清晰地记得：“1996 年 4 月 18 日，当时我们在北京国际会议展览中心召开研讨会，很多同行在会上发表言论说 Windows 不会发展那么快，基于 Windows 的财务软件在两三年内肯定没戏，质疑我们的软件开发得太早，并不认为这是一种趋势。但我始终坚信我们的决策是正确的，果然 1996 年的销售额达到了 3600 万元，比 1995 年提升了 300%。”徐少春始终能够坚守自己内心对于公司发展的判断，不受任何外界因素的影响，显然，他有着前瞻性的眼光。

“用金蝶软件，打天下算盘”的提出，可以使电脑和会计相结合，让算盘彻底退出历史舞台。徐少春讲道：“这句话有两层含义，一方面，是人们不愿意再打算盘了，那是很辛苦的工作，用电脑记账，可以提高它的自动化程度；另一方面，用电脑记账既可以提高处理问题的效率，同时服务于广大企业的经营管理活动，让企业的经营管理者能够迅速进行决策，运筹帷幄、决胜千里。所以，有帮他打天下的意思在里面。”为了使财务工作者摆脱账面的苦海，徐少春致力于开发一款财务管理软件，从无到有，再到不断创新，他一直坚持着，这种坚持来源于最初的那颗心，更是一种信念。立志，是徐少春创业生涯的起点，正如王阳明所说：“志不立，天下无可成之事”，徐少春用行动践行了这句话。

1991—1997年是金蝶的起步阶段，管理基本处于人治的状态。期间，徐少春讲求绝对的个人权威和英雄主义，像每一个刚刚起家的创业者一样，他事无巨细，事必躬亲，每一个广告他都要亲自审过。徐少春像一只不知疲倦的陀螺一样高速运转着，无形中，他为金蝶订立了一个“徐少春准则”——徐少春的精神就是企业的精神，徐少春的潜力就是企业的潜力。是徐少春与生俱来的野心、感染力和体力把金蝶凝聚在了一起，那个时候的管理相对感性，从高层到中层再到员工，没有太多制度可以遵循，但徐少春是非常严格的。

进军企业管理软件市场

“我以系统思考见长，喜欢分析各种优势，平衡各种利益，然后拿出自己的判断。”面对新的形势，金蝶要坚定不移地走全面企业管理软件的道路。“从企业来看，财务软件固然重要，但它主要还是担负着一个事后核算的职能，真正能帮企业提高效益、降低成本的还是那些对采购、生产、销售全过程进行事前、事中控制的业务软件，中国企业急需，国外产品又太贵。”这一判断鼓舞了徐少春。1998 年，徐少春宣布向企业管理软件进军，不仅要为客户提供财务软件，还要提供人力资源、生产制造等软件，成为一个全面的企业管理软件供应商。这一年，金蝶推出 ERP 系统，从财务系统到 ERP 系统，金蝶实现了第一次成功转型，使得业务覆盖面更广，客户范围更大。

成功转型的金蝶营业规模迅速增加，知名度也随之提高，吸引了一批国际投资者的目光，国际数据集团（IDG）便是其中之一。当 IDG 的中国区负责人和大老板亲自来到金蝶办公室，徐少春回忆道：“那时我们是创业公司，条件比较艰苦，我还担心破破烂烂的办公室给大老板留下不好的印象，但恰恰相反，没想到他看到办公室之后反而觉得很好，就是那种创业的氛围和艰苦的环境让他相信了我们。一见面就送给我一个望远镜，说他们希望帮助金蝶将来成为一个在世界上有影响力的公司，告诉我要看得长远一些。过了一段时间，他又来了，这次送给我一个水晶锤，意思是到了一锤定音，该做决策的时候了。” 1998 年的除夕，金蝶与 IDG 正式确立了战略合作关系，接受他们 2000 万元的风险投资。

这是金蝶成立以来接受的第二笔外部投资，资金的投入帮助金蝶快速成长、扩张。2000 年，一批“空降兵”入主金蝶各个要职。2001 年 2 月 25 日，金蝶在中国香港联合交易所创业板挂牌上市，成为国内第一个在海外上市、登陆国际资本市场的独立软件厂商，在当时产生了很大的影响。谈到上市对金蝶的作用，徐少春讲道：“在 1998 年接受 IDG 投资的时候，我给了员工大概 15% 到 20% 的股份，所以在中国香港上市后我们很多员工就成了百万富翁，有的甚至是千万富翁，在上市一两年之内，员工通过卖股票在深圳买了房子，这对员工是很大的激励；对公司而言，不但募集到了资金，更重要的是借助香港资本市场的平台，让我们有机会和更多的国际性投资者接触，同时让我们的业务范围开始涉及东南亚及世界各地。”

在中国香港上市后，金蝶的企业管理软件向为公司提供整体解决方案转型，大大增加了公司咨询业务和服务力量，并且确立要做企业管理专家的品牌形象，客户规模由过去的中小型企业向大型企业拓展，香港招商局、格力电器、万科，包括外企，如美洲银行等在当时都是金蝶的客户，金蝶为他们提供依托于IT 技术的整体解决方案，帮助他们梳理流程。

这一阶段是金蝶逐渐走向正规的阶段，管理处于人治加法治的状态，积累了一些经验教训之后，徐少春的视野开始变宽了，金蝶开始引进各种技术资源、管理资源、人才资源，甚至是资本资源。随着金蝶的日益庞大，需要决策的事情越来越复杂，此时的徐少春给自己定了一个准则：“对公司长远发展有利就干，否则就放弃。”他开始海纳百川，并考虑充分授权。“不是放权让其他人凭经验直觉办事，而是放权给他们制定制度。”徐少春这样说道。

徐少春变了，金蝶的口号、组织架构和产品框架也变了，这种变化让竞争对手乃至业界不得不刮目相看，无论是产品还是技术，金蝶总是出奇制胜。这期间，徐少春把公司的各个要职都交给了副手，而自己则腾出时间关心企业以外的变化，开始与外企的中高层接触，与资本市场接触。徐少春心里明白，企业由小变大，冲突和矛盾不可避免，他选择开放、授权、沟通和指导，正是这样，经过新一轮的整合与碰撞，金蝶又回归到了一个新的稳定阶段。

让天下没有假账

在“无人会计，人人财务”的金蝶财务管理新世界里，墙上醒目地写着“让天下没有假账”七个字。谈及“让天下没有假账”的内涵，徐少春认为，企业中的财务职能可能对公司的走向产生实质性的影响，比如资产负债表中，左边和右边只差一分钱，但这一分钱的背后可能是几千万，甚至几个亿。所以，财务人员的职业道德决定了财务信息的质量，《会计法》及国家其他财务相关法律的制定，目的是要求财务人员能够守住最后一道防线，不做假账。除了法规之外，还得靠良知，因此加强财务人员的“致良知”学习，其实也是在培养他们的职业道德。徐少春深切地感受到，不管采取多么先进的技术，仍然解决不了企业大量错账、乱账、假账的问题，根源还是心性。因此，一个崭新的财务管理世界，一定是一个“致良知”的世界、一个没有假账的世界、一个阳光的世界。

为了实现“让天下没有假账”这一志向，徐少春除了采取相应措施和手段，还尤其重视“致良知”的学习。他坚信让阳光照进财务，让天下没有假账并非难事。只要从心出发，在企业中营造良知文化，就能激发员工内心的良知，焕发出无穷的力量。

除了在心性上下功夫，金蝶还在技术方面为“让天下没有假账”提供支持。2018 年，在金蝶高级副总裁、金蝶研究院院长张良杰的带领下，金蝶团队和国家税务总局、腾讯技术有限公司三方共同打造了全国第一张区块链电子发票。采用区块链电子发票，企业方可以在区块链上实现发票申领、开具、查验、入账；用户可以实现链上储存、流转、报销；对于税务监管方、管理方的税局而言，则可以达到全流程监管的科技创新，实现无纸化智能税务管理。区块链电子发票具有全流程完整追溯、信息不可篡改等特性，可以追溯发票的来源、真伪和报销等信息，解决了发票流转过程中一票多报、虚报虚抵、真假难验等难题，使发票和交易建立了实时的一对一关系，所有的交易记录在区块链上展示，是一种三式记账的方法，能够使企业从根本上杜绝假账现象的出现。此外，它还具有降低成本、简化流程、保障数据安全和隐私的优势。张良杰博士表示第一张区块链电子发票的诞生开启了一个全新的时代，这个时代主要表现在三个方面：交易即发票、发票即交易、交易即信用。所有交易记录在区块链上展示出来，不可篡改，交易记录即形成了企业的信用链，这条信用链将会产生巨大价值，包括企业的贷款额度、供应链金融等。

立志“让天下没有假账”的金蝶，一方面通过营造优秀的企业文化潜移默化地影响着员工的行为，另一方面通过不断创新技术，用科技的手段进行保障，“不做假账”不但是金蝶自身的使命，更代表了徐少春那一颗胸怀天下的心，正是他的抱负帮助金蝶取得现有的成就。“我要让天下没有假账，让天下没有腐败！”正所谓：要成功，先立志。

勤学

王阳明说，已经立志做君子的人，就要勤于学习。“凡学之不勤，必其志之尚未笃也。从吾游者，不以聪慧警捷为高，而以勤确谦抑为上。”是理解他的勤学含义的突破口。王阳明生平最瞧不起本身空虚却装模作样、夸夸其谈、骗人骗己的人，而他最欣赏则是谦虚低调、目标笃定、勤学好问、善于自检、忠诚守信、乐观豁达、表里一致的人。王阳明的圣人标准颇具自己的特色——重德性、轻才智，他说：“后世不知作圣之本是纯乎天理，却专去知识才能上求圣人，以为圣人无所不知，无所不能……知识愈广人愈滋，才力愈多而天理愈蔽。”

“勤学”是徐少春身上优秀的品质之一，也是他一直坚持的好习惯，从读《约翰·克利斯朵夫》确立自己的座右铭，到近些年的学习“致良知”，徐少春在“勤学”这条路上诠释了“坚持”的真正意义。

善于学习

1963年，徐少春出生在湖南省沅江市的一个小乡村。沅江市地处洞庭湖畔，因“沅水归宿之地”而得名，享有“洞庭明珠”“江南宝地”的美誉。徐少春家中兄弟姐妹共五人，他排行老四，是最小的儿子，因此也得到更多的疼爱。他回忆道：“那时候，家里虽然贫穷，但人穷志不能短。从小父亲就教我们兄弟姐妹《三字经》：

‘人之初，性本善。’所以，我从那时候就相信人们内心都是善良的，是有爱心的。”

徐少春从小酷爱读书，那时候家里没有电灯，他就点着煤油灯看，外界发生的事情丝毫影响不到他读书时的专注，由此被邻居戏称“书呆子”。在《我与改革开放的故事》的采访中，徐少春讲道：“小时候我最爱读《林海雪原》，梦想成为少剑波那样的英雄人物。当时，这种浪漫主义是我心中最深的情结。”

读高中的时候，因为家境贫穷，生活中往往只能靠咸菜、萝卜填饱肚子，于是少年徐少春在奋发读书的同时立下了“一定要做金钱的主人，绝不做金钱的奴隶”的志向。正是在这一志向的驱使下，在创立金蝶后不久，徐少春提出了“五子登科（房子、票子、车子、妻子、孩子）”的概念，希望员工能够过上有尊严的生活，让员工享受公司发展带来的红利。

恢复高考制度后，徐少春积极参加高考。1979年，16岁的徐少春考取了南京工学院（现东南大学）的计算机专业，作为班上年龄最小的学生，被同学们评价“文质彬彬，但又锐气十足”。大学期间，徐少春最爱读的书是法国作家罗曼·罗兰的《约翰·克利斯朵夫》，书中写道，“人生所有的欢乐都是创造的欢乐：爱情、天才、行动——全靠这一团烈火迸射出来”。这句话，至今依然是徐少春的座右铭。本科毕业后，由于分配的工作与徐少春的理想不合拍，他选择了继续读研深造，并在研究生期间取得了优异的成绩，萌生了创业的想法，最终踏上了创业的道路。

金蝶高级副总裁、金蝶研究院院长张良杰评价徐少春：“我们老板是一个时尚的人，他经常会去外面学习一些新的东西，不管是去参观微软还是参观亚马逊，和这些国际大公司的人聊完之后，他都能明显地感觉到这些大公司的哪些点值得我们学习。回来之后就推动我们整个公司以产品为核心学习这些新方法，因为我们是一个产品性公司，强调技术创新，而老板具有将技术变为价值的技术洞察力。他是一个很善于学习的人，更是一个善于把握公司核心方向的创始人。”工科背景出身的徐少春，创业路上充满着艰辛，随着公司规模越来越大，技术创新要求越来越高，同时也要面临更为严峻的如何管理人、管理企业的挑战。面对“南金蝶北用友”的格局和 SAP 的咄咄逼人，创业十年后的徐少春又一次感受到了十年前那种激情，徐少春曾经说过这样一段话：“我是一个特别喜欢竞争的人。如果没有竞争，就激发不起我的热情，大脑处在‘休眠’状态；但一旦有竞争，斗志就来了，感受到威胁，我会马上变得像狮子一样！”

带着这份激情、竞争意识及企业管理中面临的问题，徐少春于 2002 年进入中欧国际工商学院 EMBA 班学习。也许是“旁观者清”，来自其他行业的同学们一语惊醒梦中人：“你到底是要做产品开发商，还是做服务提供商？”没有核心竞争力，再大的规模也是暂时的。战略课上老师的理论分析，也回答着他的疑问。徐少春在学习中思考着金蝶的发展方向和发展模式，从 EMBA 毕业前，他头脑中的蝶变已经为金蝶带来了变化。

现在的徐少春，依然坚持每天读书并和学界进行交流，一路创业，一路学习，今天的他是成功的。回看他的过去，酷爱读书、坚持学习是他成功路上的优秀习惯。

学习“致良知”

近年来，阳明心学受到广泛关注，越来越多的学者和企业家开始探索和挖掘其蕴含的深层含义，试图找寻 500 年前的王阳明思想对现代社会人才教育和企业管理的重要意义，徐少春就是其中之一。

在徐少春眼中，王阳明的伟大之处在于他以自身的生命实践，为人类打开了一扇通向宇宙智慧的大门，让阳光照进人类心中。他十分推崇王阳明的思想，接触阳明心学伊始，“致良知”就猛烈地撞进了他的头脑，随着对“阳明心学”学习的深入，他开始运用其中智慧进行反思，思考自己和金蝶为什么取得了一定的成果，却没有对世界做出足够的贡献。最终他发现根本原因在于他自己有很多东西并没有真正放下。于是他要求自己回归初心，重新从心出发，并将“致良知”学习推向整个公司。

2016 年 6 月 18 日，徐少春带着金蝶 42 名高管来到贵州，感受王阳明悟道的场景，回忆当时的情景，徐少春说道：“6 月 19 日，全体宣誓之后，在庄严肃穆的王阳明纪念堂里，我看着王阳明的雕像，首先向他跪下，紧接着一转身看到我们 42 名高管面对着我，两个月来的反思，加之当时庄严的环境，就不由自主地也向我的高管们跪下了。从某种意义上讲，那是一个必然的选择，也是我反思的结果；是一种愧疚，也是一个新的开始。要做到彻底地放下，就一定要成就他人，要以生命的实践感动他人。”徐少春希望通过自己的身体力行能让自己与高管们的心完全连在一起，形成心灵上的沟通，达成心灵上的共识。

从龙场回来后，徐少春将“致良知”作为公司的核心价值观，与公司的管理和实践进行结合。首先从高管和干部开始深入开展“致良知”的学习，徐少春说道：“我们从 2016 年开始，42 名高管再加上别的一些高管和干部大概 50 多名同事，开始学习阳明心学的原文，徐少春的良知学习和良知推广就这样开始了，并且一直持续着。”

“致良知”的学习在金蝶开花结果，对企业管理实践的影响也是必然的。一来人们的思维方式发生了改变；二来员工的工作行为得到显著提升。徐少春欣慰地讲道：“2016 年读完 50 多篇原文后，大家内心变得更加安静了，遇到矛盾首先不是把问题指向别人，而是指向自己了，反求诸己。每个人的境界提高了，他们的那颗心改变了，行为就会随之发生改变，思维模式就会发生改变。所以，人与人之间的距离越来越近了，心靠得越来越拢了。”公司每年定任务时，过去大家吵吵嚷嚷，相互讨价还价的场景也不见了。从 2017 年开始，公司对指标不进行设定。徐少春对员工讲道：“学习了阳明心学，我们的能量、我们的智慧、我们的勇气提高了，公司采取大家自己设定指标的方式，也是对我们学习程度的检验。”出人意料的是，大家报的指标比公司下达的指标还要高一些，能明显感觉到大家的觉悟有所提升，内心的能量被激发出来了，有了“指标不是目标，只是一个坐标”的感慨。徐少春坚信，如果一个人认真学习了阳明心学，他的境界一定会得到提高。金蝶在选拔干部时，注重员工“致良知”学习，通过“致良知”学习，员工的境界、格局、能量和勇气都要有所提高。

通过“致良知”学习，徐少春明显感到自身发生变化。“学习‘致良知’以来，我的生命每天都在发生改变，我心中的能量也在不断地上升。有人说我是逆生长，有人说我是‘春哥’。总之，我的生命发生了很大的改变，迈过了三个台阶，找到了人生的终极信仰。第一个台阶，我立下了大志，内心变得更加柔软；第二个台阶，放下小我，内心变得更加开阔；第三个台阶，扎根民众，内心生发伟大的力量。我不断在进步，也不断在改变，找到了人生的终极信仰，它就是——致良知。”

金蝶格外重视“致良知”的学习与实践，从公司高管到基层员工，金蝶人对学习的追求甚至超过了对业绩的追求，因为他们相信，通过学习尤其是对“致良知”的学习，会使阳光照进每个人心里，照进企业。勤学是每一位成功人士所必须具备的素质之一，徐少春也不例外。近年来，对中国传统文化尤其是阳明心学的学习如火如荼地进行着，通过学习，徐少春不断提升自己、丰富个人知识储备，以更加科学的方法、更加艺术性的手段治理着金蝶。

改过

“夫过者，自大贤所不免，然不害其卒为大贤者，为其能改也。故不贵于无过，而贵于能改过。（王阳明《教条示龙场诸生》）的确，只要是人都会犯错误、有过失。圣人比较常人，其优势不在圣人没有缺点，而在于知错就改。孔子说：“过而不改，是为过矣。”能否有过就改，是君子与小人的根本区别。“本心之明，皎如白日，无有有过而不自知者，但患不能改耳。一念改过，当时即得本心。人孰无过？改之为贵。”良知是明澈的、知善知恶的，所以自身是否有“过”各人心中应该都很清楚，只是小人不愿意改正而已；相反，具有大智大勇的圣贤能做到有错就改，因此也能够回归本心、寻回良知。王阳明以能否改过的标准来区分君子与小人，赞誉君子有过即改、虚怀若谷，诟病小人文过饰非，对于教人修身养性是有大裨益的。“虽昔为盗寇，今日不害为君子矣。”足见改过之重要。

“人非圣贤，孰能无过”，27 年的金蝶路，徐少春走得并非一帆风顺。从树立合同意识，到陷入低谷、挣扎走出，徐少春创业路上走的弯路，或许称“过”

有些稍显沉重，但也着实经历了许多的探索与困难。

做出改变

在《致敬四十年——徐少春：良知即道，照亮金蝶25年创业路》的采访中，徐少春回忆道："当时我向岳父借了5000元，开始了创业生涯。尽管当时深圳的创业氛围很好，但创业并不容易，成立一家民营企业仍然很艰难。我先承包了一家电子公司的软件开发部，作为创业的过渡。很快，我就赚到了人生第一桶金。当时，我经常去赛格市场看最新产品，因为硬件比软件更容易赚钱，我就先做起了硬件生意。这期间，同学给我介绍了一个海南客户，因为是同学介绍，我对此'一百个放心'，就带着30万元的电脑过去了。但去了之后，这个公司总经理百般刁难，只愿意付一半的钱，我一气之下就把东西运回了深圳，卖给了与我有着良好合作关系的深大电话公司，挣了5万元。这在当时是一笔不小的钱，够我10年会计事务所的工资了。虽然赚了钱，但这次经历也让我摔了个大跟头，给我上了深刻的一课，做生意，一定要先签合同，规则第一。"二十多年前发生的事情，徐少春仍记忆犹新，可以看出他对自己创业路上所走过的弯路会不断反思，总结经验，并且做出了改变。

金蝶自诞生以来，正如它的名字一样，飞进了万千家企业。最初的决策都是徐少春一个人说了算，市场开拓也是亲自上阵，为企业安装和讲解软件。"哪有老板亲自来给企业装软件的？"即便是在当时的深圳，徐少春的做法也让很多人感到不解。但徐少春并不在乎这些言论，在他看来市场竞争不仅是胜者为王，更是“剩者为王”，金蝶必须抢占先机。事实证明，徐少春以自己的敏锐一路前行，抓住了一次又一次市场机遇。

拿惯了主意的人，一旦让他听取别人的意见，需要一种忍耐和毅力进行自我抗衡。随着金蝶的日益庞大，需要决策的事情越来越复杂，1998—2000年是金蝶逐渐走向正规的阶段，管理处于人治加法治的状态。此时的徐少春，经历了酸甜苦辣，积累了经验教训，然而他却非常担心企业会在一夜之间垮掉，因为要放权，要容忍别人，这在以前是不可能的。

好在徐少春是一个喜欢和强者一起奔跑的人，同时也意识到了自己并非无所不能，他开始广纳贤才，对他们的要求是必须在某方面特别在行，并制订了一个准则——对公司长远发展有利就干，否则就放弃。此时的徐少春开始海纳百川，一方面将原来固化的东西总结成制度用于决策；另一方面则开始放权。“不是放权让其他人凭经验直觉办事，而是放权给他们制定制度。”徐少春这样讲道。无论是开发管理还是人力资源，无论是市场渠道还是客户服务，徐少春统统让分管领导自行制定制度。这期间，各个部门逐步形成了一系列的制度、文件和规范，有借鉴，也有创新。

徐少春将要职交给了副手，自己则腾出时间关心企业外部的变化，他开始与外企的中国高层接触，与资本市场接触。徐少春心里明白，企业由小变大，冲突和矛盾是不可避免的，关键是怎样去面对，他选择了开放、沟通和授权。徐少春变了，金蝶也变了，无论是产品还是技术，金蝶总是能够出奇制胜，让竞争对手和业界刮目相看。

随着金蝶的成长，徐少春从身先士卒的领导者，摇身一变为决胜千里的战略家。“原来是以我为中心，现在员工都忙自己的去了，一个人就难免孤独。”徐少春曾在 2007 年年底接受《中外管理》专访时吐露心声，“在公司内部孤独不要紧，但在社会上不能孤独”，他选择了用更多的时间跟客户、朋友和企业家在一起。学习“致良知”之后，徐少春更加能够接受高管们的建议，深思熟虑后做出决策。

走出低谷

2011 年，是中国“十二五”开局元年，也是中国经济加速转型之年。回顾金蝶的发展历史，2008 年至 2010 年的 3 年间，员工人数涨幅超过了一倍，总人数将近 1 万人。到 2011 年，金蝶已经拥有 12000 名员工了。当年上半年，金蝶收入增长了 58%，净利润同比增长 43%，创下了历史之最，企业规模和人数的扩大使得金蝶人非常兴奋。但“祸兮福所倚，福兮祸所伏”，没想到，8 月中期业务发布时，金蝶的股价跌了 16%，第二天跌了近 8%，第三天下跌 6.5%，连续三天下跌几乎跌去了金蝶市值的一半。投资人认为这是金蝶业务扩张带来的成本费用上升，并且担心企业管理失控。

对于金蝶这样的处境，有人形象地比喻说金蝶以前是卖可乐的，指的是金蝶只卖单一的产品——财务软件，后来开始做麦当劳，也就是说金蝶开始提供全面的解决方案，最后发现可能因为超前或客户接受度的问题，也可能是公司自身各方面能力还没达到某种程度，所以走了一段弯路。面对这样的比喻，徐少春表示赞同，并回忆道：“在 2009 年的时候，我们提出了一个新四年战略，希望在

2010—2013 年这四年间公司规模有一个较大的突破，所以特别注重拓展营业规模并不断增加人员。到 2011 年的时候，招聘了大量的管理咨询顾问，也成立了一个很大的管理咨询团队。”

金蝶把管理和 IT 结合起来，拓展了一块新的咨询业务，并从 IBM 请来了高管冯国华。但徐少春很快发现市场环境正在发生改变，管理咨询已经不足以吸引企业的兴趣，而互联网转型成为一个新趋势，许多企业开始把互联网结合到自身的经营管理中来，作为一种商业模式的创新。于是，在 2011 年的下半年，徐少春决定大力发展云业务，向互联网转型，不再走过去的老路，并从裁员方面开始做出调整。到 2012 年的时候，企业规模减少到 9000 人左右，经过半年的调整，企业员工的气势整体处在低迷状态。

可以说，2012 年金蝶遭遇了史上最艰难的时刻。上半年，净亏损超过 2 亿元，这是金蝶自成立以来的首次亏损，不断攀升的人力成本几乎把金蝶逼向了生死存亡的险地。此时，金蝶在管理方面也暴露出一系列问题，出现了窃取商机、伪造公章、私签合同等损害公司利益的行为，有的员工为了业绩制作虚假客户确认单，还有的员工缺乏保密意识导致公司屡次发生泄密事件。这一年，移动互联网在中国如火如荼地普及，而金蝶的重心还在 ERP 系统和传统咨询服务业上，徐少春想，是时候调整公司发展方向了。他开始着力把公司变成一个轻资产公司，将企业未来的发展主力更多地集中于互联网、云计算领域。就这样，金蝶拉开了史上最波澜壮阔的转型序幕。

由于转型需要，公司用了两三年的时间，把公司员工从一万两千人缩减至七千人左右，压缩将近一半。徐少春回忆道：“这是一件非常艰难的事情，但我们不得不主动求变、主动转型。当时整个公司士气十分低落，员工不断流失，一些高管相继离职，裁掉了部分业务，收入也自然下滑。那个时候，我内心无比痛苦。有一天晚上 12 点了，我一个人回到家里，就不停地问自己，我这样做是对的吗？到底要不要坚定地走下去？然后就问我自己，我是谁？我从哪里来？我要到哪里去？最后，我想到了三个坚持——坚持信念、坚持信任和坚持行动。这三句话看似平淡，但当时在我心中激起了很大的浪，当我心中冒出这三个词的时候，感觉到了一种很强的力量。这三个坚持支撑了我把转型走下去。”

对于这三个坚持，徐少春谈道：“首先是‘坚持信念’。创业多年以来，我一直想着把公司做大、做强，尽管走过很多弯路，但一直坚持着我们这个行业，我深信软件行业拥有广阔前景，坚信按照我们的战略走下去一定是对的，这是一个信念；另一个是坚信走正道、行王道一定是正确的，虽然这样做可能在短时间内得不到员工的理解，但我坚信这能够真正成就员工心中的大爱，帮助他们在以后取得更大的成功。其次是‘坚持信任’。历经艰难后，金蝶打造了一支具有高度凝聚力的团队，一个具有高度信任感的集体，我不再把希望寄托在某个人身上，而是更信任一起奋斗了二十多年的兄弟姐妹。最后是‘坚持行动’。这次转型让我们能够冷静思考，认清当前的形势，说干就干，随时调整，快速迭代。对我们而言是一次蜕变，更是一次重大转变的机会。”

徐少春表示，这三个坚持具有一定的力量。比如公司并没有要求干部在每次演讲、分享之后说这三个坚持，但大家会不约而同地在每次讲话之后说出这三个坚持。采访中徐少春谈道：“这是公司历史上从来没有过的一句口号，在我没有强行要求大家喊出这个口号的情况下，大家能够自发地喊出来，说明这三个坚持赢得了大家的理解、支持和信任。那个时候我还不知道这就是良知，但实际上它的本质就是良知，员工能够自发地进行行为和思维模式的改变，这也算是一次悟道吧。”

有一句话说——有的人因为看见而相信，有的人因为相信而看见。因为相信，金蝶人看见了希望，这给了他们很大的鼓舞，给了他们走出低谷的勇气，重新点燃了金蝶人心中的梦想。

责善

王阳明告诫世人，责善“须忠告而善道之，致其婉曲，闻之而可从，绎之而可改，有所感而无所怒。”这同我们平常说的动之以情，晓之以理有异曲同工之妙。朋友之间互相监督、提醒，使对方品格臻于至善，是朋友之间的责任。责善需要态度真诚、言语平和、推心置腹，尽心体现你对他的关心、爱护，使他有感触而不发怒，主动改正缺点以臻于完美。反之，如果直言朋友缺点，痛骂他的过错，让他无地自容，他将羞愧难当并产生逆反；此时即使他因形势所迫而表面服从，保不准会刺激其更加行恶。王阳明强调：“故凡讦人之短，攻发人之阴私以沽直者，皆不可以言责善。” 然而作为心学大师，王阳明则不怕别人提意见、批评他，他说：“凡攻我之失者，皆我师也。”他的谦虚精神和勇于改过的宽广胸怀跃然纸上。真诚地对待员工，更要真诚地对待客户，努力成就他人并导人向善，徐少春在变，金蝶也在变。

真诚

谈到业绩的问题时，金蝶互联网金融服务有限公司总裁王宏说出了金蝶人的心声："以前所说的业绩状况，都是用数字来衡量，但自从学习"致良知"后才明白，数字只是一个结果，它反映的是过去一段时间为某些事所做的努力，有的做法是合适的，有的做法可能不合适，我们会通过数字探寻数字背后的意义。这种文化也在潜移默化地影响着团队工作，以前是就事论事，现在会追寻问题背后真正的原因是什么，将文化的力量融入具体工作当中。还有就是大家对真诚的看法不一样了，以前觉得不说假话就叫真诚，而现在是站在对方的角度，尽自己最大的努力满足客户的需求，才是真正的真诚。对业绩好的员工进行鼓励，邀请他们将自己的工作经验和方法进行分享，对业绩不好的员工会进行职位调整，相信每个人都具有一定的潜能，最重要的是帮他们找到合适的位置。"

领导与员工之间真诚地交流，金蝶真诚地对待每一位员工，同时，员工以一颗真诚的心不断学习、进步。"曾昊博士理论水平非常高深，我经常会向他请教，慢慢地我发现，许多碎片化的东西经过理论梳理和引导之后，可以很有章法地把每件事情做到位，这在无形之中也培养了我的结构化思维，所以他一直都是我非常尊重的职场导师。"王宏由衷地感慨道。在金蝶，员工不仅养成学习阳明心学的良好习惯，还很注重彼此之间的学习和交流，金蝶员工之间的互动非常关注理论与实践的结合。

金蝶人的真诚离不开文化的熏陶，而这也一直激励着每一位员工，他们对公司有感情，对合作伙伴有热情，能够站在对方的角度考虑问题。他们富有激情，待人真诚，具有领先的技术产品，为客户提供真诚的服务，他们一直在努力与客户建立心与心的连接。

成就他人

从甩掉算盘到拥抱云计算，从倡导新商业文明到让阳光照进每一个企业，徐少春有着很多标签和光环，他一系列行为背后体现的是对每一个人的尊重、信任和成就之心。“徐少春强调说他是投资家，要让一线的各个总经理成为企业家。大多数人并不相信，或者说相信了也没敢那样去做，而我相信了，并真正把自己当作分公司的老板去做，最后发现徐少春说的都是真的，是发自内心地希望你去做一些创新，做一些成绩出来，徐少春真正想要成就一些人，包括客户、合作伙伴和员工等。”深圳云之家网络有限公司总经理宋立超这么讲道。云之家的诞生见证了徐少春的知行一致。云之家自成立之初便致力于打造企业一站式工作平台，成为一家伟大的产品缔造公司，这一点恰恰承接了徐少春的社会理想、历史担当和民族情结。宋立超说：“找准自身定位，明确工作思路，就能够和金蝶的事业进行同频共振；得到客户的肯定，听到用户的呼唤，引领用户的需求，技术不断迭代，以用户为中心，而不是以自我为中心；深刻理解徐少春希望对社会的贡献，这是云之家对自身的要求与期待。”

从中国文化层面，探讨企业发展需求，引领时代发展，我们要有利他、成就他人的思想与实践，这是徐少春 27 年来一直在做，并在持续做下去的事情。

为善

提倡实现员工物质幸福和心灵幸福，帮助员工建设心灵品质，让员工在品德方面能够做到厚德载物，加强中国传统文化的学习正是一个重要途径，尤其是对阳明心学的学习。"'圣人之道，吾性自足。'其实我们每个人心中都有一个圣人，我们原本也可以成为一个圣人。学习阳明心学，不仅是读他的文章，更重要的是要像他一样成为一名圣人。"徐少春这样讲道。

王阳明讲"存天理，去人欲"，"天理"正是每个人心中清澈的良知，即强调要导人向善，要能够看到这个世界上更多的善意，这个思想正好和金蝶的文化相契合。正如金蝶首席人力资源官（CHO）、副总裁、人力资源部总监吴建国所谈道的："商业的本质不是仅仅为获得商业利益，而是要为社会创造更多美好，无论是生活还是事业，都应该扬善，而不是总看到恶的一面，人们只有去扬善，这个社会才能保证有正念和善念。人如果一心行善，尤其是发自本心地行善，就能导正社会，对社会产生正面的效益。

金蝶一直在倡导中国传统文化的学习，通过学习让员工感受到生命的意义是为社会创造美好；让员工懂得了判断事物的标准是是非善恶，而不是利害得失；让员工世界观的格局变得更大了。金蝶特别注重员工心灵品质的建设，激情、前卫和爱心是金蝶人特有的品质。

"只要坚信，人生最大的宝藏就是心灵宝藏，只要不断提升心灵品质，在起心动念处觉照善念与恶念，把恶念克去，并且进行反省和忏悔，不断弘扬善念和正能量，心情就会特别舒畅，特别是忏悔和反省之后，心情就会特别快乐。正因为如此，我深深地感到‘致良知’之乐就是真正的乐。”徐少春在《找到人生最大的快乐》一文中这样写道。

知善知恶是为良知，为善去恶则为准则。金蝶的探索和创新无不在这一准则之下，徐少春说金蝶人拥有共同的信仰，事业的成功将是必然。以良知为信仰，为善去恶，这是一个十分简单、朴素而又纯粹的价值观，让人想起谷歌的企业文化“不作恶”，同样令人尊敬。我们有理由相信金蝶在良知这一信仰之下正走在成为一家伟大公司的路上。

远见

基于“以心为旨”的“道”，“致良知”作为一个提升境界的途径，能够影响企业的价值追求、塑造员工的人格，但企业的发展与成功也离不开企业家的远见卓识。徐少春正确的战略远见使他有着敏锐的市场嗅觉。早在2010年，徐少春就公开表示：“过去十几年在全球范围内，企业软件公司在争夺互联网个人服务方面暂时落后了，包括微软这样的巨无霸，但它们的技术实力、品牌声誉和企业客户信赖是无可比拟的。在中国市场来看，下一个10年，基于企业真实经营管理活动的互联网服务很可能将进入大发展的高峰期。”这就是一个战略家的远见，金蝶在云服务领域能够取得快速发展，正是因为前瞻性地做好了迎战准备。

徐少春的战略远见，加之他敢想敢干的魄力、破旧立新的决心，金蝶产品迭代迅速。财务软件从DOS到Windows，从财务软件迈向ERP系统，从ERP

系统转型“云战略”，金蝶27年间经历的三次大的转型就是最好的例证。当然，徐少春的远见不仅体现在公司重大战略决策上，还体现在大力支持对未来新技术的探索等方面。金蝶高级副总裁、金蝶研究院院长张良杰在IBM做的最后一份工作就是云计算，2010年加入金蝶后一直在给徐少春灌输“云计算一定会成为我们的未来”这样的理念，并提出了“中国管理云”的概念，致力于探索利用云计算、大数据、人工智能、区块链等颠覆传统的管理模式。可以看出，金蝶能够成功转型“云战略”得益于徐少春对新技术探索的持续支持，这对企业的成长与发展至关重要，这更是一个企业家的战略远见。

“金蝶的每次蜕变，除了市场因素之外，您认为在管理方面真正的原因是什么？”面对这样的提问，金蝶高级副总裁、战略发展部总监田荣举说：“1998年的时候我看过金蝶的产品，给我的感觉是产品做得很精致、很有高科技感，按照现在的说法就是体验不错、很有特色。然后我就给徐总发了一个邮件，表示金蝶很有趣味性，有机会想要一起合作。1999年的时候我就来了，徐总的第一个观点是，你能够想多大金蝶就可以让你做多大，当时这样的激情文化给了我很大的触动，胆子也大了很多。徐总的开放是绝对授权，给了我很大的空间，同时也推动金蝶快速做了一些调整。如果说金蝶为什么总是能够在关键点上实现创新，我感觉得益于徐总非常强的战略远见，而且他胆子很大，鼓励大家去干。包括业务发展为什么能持续创新，因为有远见，所以有布局。他一直以来非常敬业，有激情，能够以身作则。”田荣举依然清晰地记着对金蝶最初的印象，是精致的产品、徐少春的个人魅力和当时的激情文化吸引了他，入职20年间，他对金蝶的发展同样起着举足轻重的作用，这也体现出徐少春在人才选择上具有独到的思想和胸襟。

财务软件的成功，徐少春无疑发挥了很大的作用，主导着公司战略。2000年，ERP依然成为当时的大趋势，为了加快自身发展，金蝶通过自身客户、行业和技术的积累，着手ERP，这是徐少春战略前瞻性和魄力到位的又一次体现。其次是平台，微软平台的不可控性、低效率和性能问题，一直困扰着金蝶，本着为客户负责的态度，持续应用化的初心，金蝶致力于开发在操作系统和业务之间更好的平台支撑，形成开放、生态的系统平台。27年来，需要做出战略决策的时刻不计其数，但徐少春每次都能够具有前瞻性，具有一定的远见。

田荣举评价道："徐少春的战略远见是与生俱来的，这种战略能力可以说是一种天分，他能看到其他人看不到的，而且能看得很远。"在金蝶内部，他是富有朝气的"春哥"和"大家长"；在外界看来，他是一位成功的企业家、战略家，他有着独特的眼光，更有着深邃的思想。

正如田荣举所言，是徐少春的战略远见帮助金蝶一次次蜕变、一次次成长。在和高管们工作的过程中，总是免不了因为一些问题产生分歧，发生争执。"在我看来，作为徐总的合作伙伴和下属，我会基于自己的初心尽可能去反馈，这也是作为核心团队应该做的，而不会刻意去迎合。分歧也好，争论也罢，我们能够一直合作到现在，是基于希望把事情做好的初心，是基于相互信任和徐总的战略远见，是他的远见和开放一直鼓励着大家去做。"田荣举从另一视角对徐少春战略远见的积极作用给予了肯定。

徐少春的远见，不只表现在确定金蝶发展方向和引进人才两个方面。作为金蝶的领路人，他一直没有忘记自己的角色和使命，在这个风起云涌和英雄辈出的时代，以一个企业家的战略远见，带领金蝶进入发展的快车道，向着更高的维度跃迁。过去，金蝶一直以“走正道、行王道”作为核心价值观。然而，在企业转型之时，如何走正道、行王道成了徐少春内心的一大困惑，经过长时间的摸索，他最终找到了方向——致良知。徐少春说：“‘致良知’就是走正道。这些年来，我不断地在公司提倡王阳明的‘致良知’哲学，核心要义就是在贵阳龙场悟到的‘心即理’。王阳明所说的‘心’，是一种‘本心’，人的本心是光明的、至善的，但是由于受到各种‘欲望’的蒙蔽，本心常常失去光明，因此需要‘格物致知’，才能求到自己的‘本心’，这就是王阳明所推崇的‘知行合一’。”徐少春不仅自己孜孜以学，还鼓励金蝶的员工积极学习。金蝶不仅设有固定的学习场所——阳明学院，还制定了相应的学习制度，每一位员工都要加入“致良知”的学习之中。通过“致良知”学习，激发每个人心中的真心，释放无穷的力量，提高心性。经过潜心学习，徐少春对“致良知”有了自己的见解。他认为：“‘致良知’就是激活人心，凝聚信任，以至诚之心为用户打造极致的产品及服务体验，帮助顾客成功，帮助金蝶全体兄弟姐妹成功。

第二章

德蓄之·以人为本

无善无恶心之体，有善有恶意之动，知善知恶是良知，为善去恶是格物。

——王阳明

《老子·四十章》中提道："天下万物生于有，有生于无"。说的是世界上所有有形的东西都是受无形的东西支配。这话常用来说明人的行为规律。比如，法律是教你不能做什么，道德是教你不该做什么，而文化是教你自然做什么。企业文化，是企业在生产经营实践中逐步形成的、为整体团队所认同并遵守的价值观、经营理念和企业精神，以及在此基础上形成的行为规范的总称。作家圣·埃克苏佩里曾说："如果你想建造一艘船，先不要发号施令召集人们采集木材，而是要引导大家向往浩瀚无边的大海。"企业文化反映了大家共同遵守的管理理念，强调精神文化的力量，希望用无形的文化力量形成一种行为准则、价值观念和道德规范，凝聚企业员工的归属感、积极性和创造性，引导企业员工为企业和社会的发展而努力工作、积极进取。

徐少春非常重视企业文化的培育与融合。回顾金蝶27年的发展历程，每一次转型都伴随着金蝶企业文化化蛹、蝶变新生。

激情文化

激情是对所有领导人、所有企业的要求，不论企业是处在成熟，还是正欲变革；是在成长，还是在初创阶段中，激情领导始终是企业成功要素的一种。只不过，不同的经济环境、不同类型的企业乃至企业发展的不同阶段，对激情的要求不同，其表现形式也会不一样。在企业创业时，这种领导方式可能外显一点，表现为一种拼搏、开拓的精神，而在一个已经发展成熟的企业中，则显得相对要内敛一些。金蝶的激情文化，是激发人和团队潜能、充分发挥创造性的管理文化。

敢想、敢干、敢当

发展初期的企业文化在一定程度上就是创始人文化。对一家初创型企业而言，企业文化的渗透，更要依靠创始人的个人魅力来带动、传递并感染。20 世纪初，德国社会学家韦伯（MaxWeber）提出“Charisma”，即“魅力”，意指领导者对下属的一种天然的吸引力、感染力和影响力。1976 年，罗伯特·豪斯在此基础上提出“魅力型领导”的概念，他发现魅力型领导普遍存在三大个人特征，即高度的自信、强烈的权力欲求及发展愿景的能力。此后，领导理论大师沃伦·本尼斯通过进一步论证发现，魅力型领导者有 4 种共同的能力：拥有远大目标和理想；明确地对下级传达目标与理想，并使之认同；对理想的贯彻始终和执着追求；知道自己的力量并善于利用这种力量。

创业时期，徐少春提出“敢想、敢干、敢当”的激情文化。也正是这种涌动的激情点燃了金蝶的第一把火。曾有一位金蝶的员工说：“没有徐少春就没有今天的金蝶。”1993年，自财政部提出“要在2000年以前，让我国县级以上地区的大中型企业都实现会计电算化”的指导思想以来，国内软件业发展前景大好。在积极的政策激励和广阔的市场环境下，徐少春提出要把会计人员从繁重的手工劳动中解脱出来，怀揣着“账海无边、金蝶是岸”的创业梦想，带着他研发的财务及企业管理软件，像一只蝴蝶飞到世界各地，为超过680万家中、外企业提供企业管理服务。

徐少春“敢想、敢干、敢当”的激情文化成功为金蝶吸引来第一批“同道中人”。刚拿到营业执照时，徐少春招聘的第一个职员正是他在蛇口工业区培训中心讲课时听课的一个学生。然而公司刚启动时非常艰难，那时候北京的用友公司已经很具规模，广东深圳也有类似的财务软件公司正在快速发展。徐少春意识到必须尽快摆脱目前的局面，使自己迅速壮大起来。他想起离开蛇口工业区时，最后交给他360元保险费的社会保险公司总经理赵勇曾对他说：“将来遇到什么困难就来找我。”徐少春果真去找赵勇，两人相谈甚欢。赵勇是蛇口工业区的董事之一，他有很好的社会资本，他的妹妹赵西燕当时正在找投资项目。美籍华人赵西燕和蛇口工业区社会保险公司的共同参观，为金蝶后来的发展添砖加瓦。此前经营的两年时间里，徐少春先后招了20多人，招聘的员工有来有走，流动性比较大，大家普遍认为金蝶就是一个私营企业，老板也就是私人老板。即便当时是在深圳，“私营”的形象也不是很好。合资之后，公司背后有一个国有企业，而且还是偌大一个蛇口工业区，员工的心里感到踏实了许多，人才吸引力得以增加。

当时，在同行竞争对手SAP的文化里有很重要的一点，就是所有员工都要认可公司所做的事情。因为喜欢做这件事，认可了，大家才志同道合，才能走到一起来，大家才会不断向前奋进，寻找新的发展空间。对此，徐少春深有同感。在人才的招聘选拔方面，金蝶优先选择充满激情、与企业价值观相近的人。徐少春说："招聘员工时，我们会很在意他们的态度，看看有没有工作的激情，我们会对他说明想要从事这个岗位有多困难，会遇到多大的挑战。有些面试者就会说，没问题，我能够接受这种挑战。这实际反应的就是一种态度。通过强调招聘，我们让富有激情的人主动配置进来，降低公司内部发掘的成本。而领导者应该善于通过自己的言行来表达公司的价值观，尽可能多说、多行动，要拼命让员工知道你想表现什么。如果什么也不说，总让员工去猜测你想做什么，这样的情况是最糟糕的。"

稻盛和夫曾就企业文化的打造发表观点："企业文化只要能够立足于杰出的经营理念，就必然能够得到企业员工发自心底的认同，从而主动采取行动，积极推动企业的发展。这种企业员工的主动性和积极性才是企业最宝贵的财富和发展的源泉，并且也只有那些能够不断激发员工主动性和积极性的企业，才能跨越不同时代，永远保持兴旺。而建立能得到员工认同的企业经营理念，则与企业领导者自身的言行密切相关。"

激情，徐少春个性的标签之一。徐少春以其自身的激情、切实的行动、敢想敢为的闯劲，吸引了众多优秀的软件人才，与他一道"敢为天下先"，用金蝶软件打起天下算盘。

开放授权，共建愿景

初创期的金蝶，全国员工总共不到300名，其中各地分公司的负责人大多是平均年龄不到28岁的年轻人。在公司里，每个人都有原动力，同时也有压力。大家都在不断思考："怎样才能让自己在最短的时间内最大程度实现自我的愿望和价值？"

"如何将自己的激情传递给员工，更进一步激发团队的自发性？"开始成为徐少春第二步思考的问题。清华大学经管学院教授吴维库博士认为，企业要把激情传递给团队，可以利用两种力量，一种是恐惧，表现在担心，如害怕失去事业、爱情和家庭；另一种是感召，表现在对美好愿景的向往。金蝶显然是后者。对此，徐少春的举措是开放授权，共建愿景。在选贤任能方面，徐少春提出"不拘一格用人才"的用人原则："只要你想干，有信心干好，就放手让你干。无论是资金还是资源，公司都会放权交给你。"此后，徐少春提出"五子登科"，并说道："在早期靠一个前景吸引他，并且给他更多的自主权，每个人都希望享有决策权，我就给他这个决策权。此外做到一定程度，就可以得到一个职位。"

1995年，徐少春提出"用金蝶软件，打天下算盘"，成为金蝶发展的第二个起点。同时，徐少春还进一步提出了"诚为信，志为本"的精神以及"瞄准世界尖端技术，发展民族软件产业"的宗旨，并树立了"两年内成为国内著名的软件集团，五年内成为一个跨国集团"的目标。之后，他更是打出"发展软件产业、振兴中华民族"的响亮口号，激荡起一大批年轻有为的人才的心。

一位老员工回忆说："1997 年夏，我从南昌到金蝶面试，应聘的职位是总裁秘书。我以为，金蝶应该是一家很气派的公司，因为那时 IT 权威媒体上期期都有金蝶的广告，而且都是很具冲击力的。可当我见到还在蛇口的金蝶时，着实吃了一惊，办公室太朴素，技术支持部在走廊上，是徐总立志振兴民族软件产业的热情留住了我。"

著名管理大师彼得·圣吉提出的"共同愿景"概念恰恰佐证了这一点。彼得·圣吉认为，共同愿景是一个组织中各个成员发自内心的共同目标，是蕴藏在人们心中一股令人深受感召的力量。正如徐少春"发展软件产业、振兴中华民族"的使命情怀一样，企业家将其本人的思想和愿望融入共同愿景，建立起全体成员为之奋斗的目标。通过自身言行的感召，激发员工的热情与干劲，使之凝聚成风雨同舟、齐心协力的共同体，并为企业的生存发展提供持久动力。对此，金蝶非执行董事曹仰锋先生更进一步评价道："徐总非常擅长给员工传递公司的使命和愿景，民族自豪感是金蝶创业激情文化的特色之一。徐总将公司的命运和民族振兴结合起来，通过这种使命感和荣誉感进一步激发员工的激情。"

激情管理

在人才剧烈流动的软件行业，对知识员工及知识"资本"的管理而言，传统的"控制"或"限制"管理模式逐渐难以适应新阶段的发展需求，相应地，强调开放与授权的"激情管理"应运而生。

"激情管理"是金蝶有别于其他 IT 企业最显著的"性格"。关于"激情管理"，徐少春解释为“通过建立一种以激发知识工作者潜能为主要特征的管理模式，给知识工作者注入激情，使知识工作者更富有创造力和灵感，并为知识工作者提供足够能力和平台，获得企业效益的最大化。即知识资本＝能力×激情。”

同时，金蝶注重将“激情管理”与“数字化管理”相结合。“数字化管理”是指“以数字和信息化的手段，建立企业预测修正体系，使企业面向市场需求，及时调整各项业务，同时以工作流方式控制企业的业务过程。”数字化管理的技术手段，加上激情管理的文化元素形成了金蝶所倡导的现代化管理体系。

“激情管理”让每个员工怀有对共同目标追求的冲动，参与企业各项活动的过程中，人的主观能动性在实现组织管理绩效最大化的同时得到最大的发挥，从而使个人目标和企业目标不断地共同实现。徐少春回忆道：“每个人都有做一番事业的冲动，优秀的程序员都希望在中国软件业发展史上写上自己的一笔。我们提出口号——要做中国最好的软件厂商，要代表中国软件跻身世界应用软件十强。这口号仿佛一团火，燃烧在每一个金蝶人的心中。”

管理学大师彼得·德鲁克曾说：“让平凡人做出不平凡的事，其本质在于企业精神。企业的精神在于能唤醒员工内在的奉献精神，激励他们努力付出，决定了员工究竟会全力以赴，还是敷衍了事。”在某种意义上，创业的激情文化，成功激发了员工积极性。让员工以企业为家，找到心灵的归属。同时，在一定程度上，为金蝶在软件行业迅速站稳脚跟、高速持续发展提供了强大的助推力。

精英文化

管理之道即人道。企业要想实现长足发展离不开优秀的人道管理。作为员工实现自身价值的实体，企业有责任为员工的发展创造机会。通过建立良好的工作、生活、学习环境和完善的人才培养及职业发展机制，为员工提供舞台，令他们充分展现自我价值，实现个人对事业的追求。

1999 年，金蝶由财务软件向 ERP 转型，由于业务范围扩大，公司加入了不少精英，于是就有了精英文化。精英文化倡导“爱心，诚信，创新”的核心价值观。其中，“爱心”是满足需要，真情回报，尊重内部员工和外部顾客；加强团队合作，推崇真心关心员工职业发展，提倡知识和信息的共享，互相学习，共同成长。“诚信”就是诚实、忠诚、信任，体现在对工作负责，对顾客负责；同事之间进行直率与坦诚的沟通。“创新”就是敢想、敢干、敢当，鼓励创新性的工作行为、新的想法和富有一定的冒险精神。

帮助员工成功

2002 年，中国加入 WTO，全球经济环境发生变化。这对国内软件市场而言，既是一次机遇也是一场挑战。市场的进一步对外开放促使国际企业和世界各地的产品大量涌入中国，其中不乏许多国际软件巨头厂商。尽管此时的金蝶在国内软件市场已经占有一席之地，但徐少春深知作为中国本土企业管理软件厂商，与国际先进厂商的差距还很大。

“夫济大事，必以人为本。”《执行力》中也曾谈道，现代企业成功的要素有三，分别是战略、人和运营。知识经济时代，人才无疑是第一竞争力。渴望做大、做强的徐少春对人才“如饥似渴”。基于这样的背景，金蝶开始推行精英文化，力求海纳百川，为金蝶发展开疆拓土。2001 年，金蝶在美国硅谷、中国香港两地分别设立办事处，作为金蝶在欧美及亚洲的技术和市场窗口，为技术研发、市场拓展、科技咨询收集和人才招揽积极布局。为实现 2005 年“成为中国最强大的软件厂商、跻身世界应用软件十强”的目标吹响了“冲锋号”。2003 年，金蝶相继在北京、上海、深圳、成都等地刮起了一股以招聘高级人才为目的“笑谈人生、指点江山——金蝶软件英才论坛”的旋风，面向中国 IT 领域高级人才，同时兼顾海外高层次留学人员，招募包括首席架构设计师、首席需求分析师、高级应用顾问、高级程序员、区域人力资源总监、区域实施服务总监在内的数十个高层技术和管理职位。“刘邦战胜项羽，并不完全是学习和借鉴对手，更重要的是有自己的核心能力——用人。”徐少春如是说。

在广泛引进优秀人才的同时，金蝶还强调内部的公开竞争，并建立了一套极具特色的人才选拔机制和培养机制。鼓励员工大胆自荐和推荐，任何具备相应工作能力和资格的员工，均有机会获得任用。此外，金蝶更是为员工专门设计了一系列培训课程，引导员工的思维模式和价值观，帮助员工提升业务能力和管理能力。徐少春表示，希望通过这样的选拔机制、用人机制和培养机制，可以发现和吸引更多优秀人才，给优秀人才提供机会，使他们能够发挥出更大的潜力和价值。

徐少春常说“在我的脑海里，员工就是我的老板，我是他们的员工。我一直在探索他们在想什么？需要董事会提供什么帮助？”2005年，金蝶明确提出“帮助员工成功”的人才战略，继续培育以创新为灵魂的企业文化，为集团的更大成功储备人力资本。“管理者的使命在于为员工创造一种可持续发展的环境，帮助员工成长和成功。伴随企业从初创期向成熟期迈进的过程中，团队的效用将越来越突出，个体制胜到群体制胜的趋势势不可挡。”徐少春认为，高科技企业对员工最大的吸引力就在于能够给员工提供更大、更广阔的职业发展空间。只有抱着对员工负责的态度帮助员工制定职业发展计划，才能取得员工的承诺和信任，公司才能长盛不衰。

“在金蝶，公司要求、鼓励经理都要充分了解员工的意向、特长和兴趣，人力资源部同业务部门一起制订分类别的员工职业发展计划。如此一来员工就对自己的发展方向非常明确了。金蝶的员工职业发展计划分为技术类人员、营销类人员发展计划。公司为每一位员工合理制订职业经理发展计划，以保证每个人都有一个可发展的台阶，同时也能为公司培育所需人才。”徐少春更进一步表态：“我们不要英雄的领导，我们要‘培养英雄’的领导。”

在徐少春眼中，金蝶是一个维系着许多人生活甚至生命的大家庭。伴随金蝶的成长，当初那些二十多岁风华正茂的小年轻们逐渐变成今日更加成熟稳重的老员工。很多人甚至在金蝶工作了十几年，“他们把青春献给了金蝶，所以我们每一个管理者身上的责任比以前大得多，我们做任何一个决定也要考虑到员工本人的发展。”徐少春说道。

金融危机之后，中国管理咨询与软件服务业迎来转型驱动的高速增长时期。

2010年是金蝶“新四年、新征程”四年发展规划的开局之年。此前，金蝶所倡导的“管理与IT整合解决方案服务商”转型战略已经初见成效。这一年，金蝶更进一步深入“大家文化”的执行，正式启动文化变革1.0，重新梳理价值观：激情、专业、团队、赢。从过去的家长式文化向没有家长的大家文化转变，更加注重尊重人才及团队创新。徐少春更是在“帮助员工成功”的基础上进一步提出“成就员工梦想”，一个开放、创新的奋斗者孵化平台逐渐形成。

“夫爱人者，人必从而爱之；利人者，人必从而利之（《墨子·兼爱》）”得益于徐少春的远见和开放，快递100、云之家、金蝶医疗等项目相继孵化，共同构建出全新的金蝶云生态。

建立学习型组织

企业管理实践的过程也是塑造学习的过程。如果说金蝶的用人机制、选拔机制为员工提供了良好的平台。那么，学习型组织的建立则进一步为其职业价值实现创造了有效的途径。学习型的组织是通过培养整个企业的学习气氛，充分发挥员工的创造性思维能力而建立起来的一种有机的、高度柔性的、横向网络式的、符合人性的、能持续创新发展的组织。具体为：将个人的愿景整合为企业的共同愿景，将全体员工凝聚在同一旗帜下，形成企业强大的生命力；同时，公司将通过整合个人的学习，形成企业前进的动力。在这一过程中，公司要创造良好的学习环境，使员工终身学习。因为，只有学习才能提高素质、持续创新。

加强对员工的培训，建立学习型组织，是与用户和合作伙伴共同成长的动力源泉。2002 年年底，金蝶启动了“TOP100 计划”。该计划旨在通过聚焦公司最有价值的雇员，对他们进行个性化培训学习，来提升公司的整体素质，并配合公司的快速发展储备英才。同时，公司创造机会为各类英才提供一个广阔的舞台和职业发展空间。相关措施包括：个性化的培训学习；优先晋升机会；福利关怀：股票期权、家属调迁、管理层关注等。

根据“二八原则”，金蝶将全员总数中 20% 左右的比例列入关键员工关注计划和接班人计划，将 80% 的资源投入到他们身上，对他们进行重点培养，把他们纳入人才储备池，作为今后提拔、任职的主要人选来源。当时主管人事的副总裁罗明星在解释“TOP100”计划时说：“这是金蝶对员工进行个性化培养的一种措施。我们要让有价值的员工得到更多关注，给他更好的培训，为他量身定做职业发展计划，管理层会定期和他交流。他的名字、背景、能力特长、思想动态将随时被公司管理层掌握，他会感受到一种被聚集式的关注。这些关注让他感受到公司的期待，他会成长得更快，发展得更好。”

金蝶还从销售额中提取 3%~5% 的资金用于员工培训，而这种培训紧密围绕当年公司长期战略所需要提升的组织能力展开，一般每年都着重在提升几项能力上。比如 2003 年，金蝶开创了一个基于“顾问式营销”的系列培训项目“狼之旅”，这个项目不仅可以大幅提升市场人员的销售能力，还将生命的哲学等内容融合到课程之中，对员工个人的职业发展也很有帮助。“狼之旅”通过“魔鬼式训练”及“疯狂式训练”的方式，塑造学员具备“狼”一样的特质，使学员达到性格突破、知识突破和能力突破，力图将团队打造成一支具有狼的秉性、狼的意志、狼的智慧、狼的精神的团队。

除此以外，还包含产品知识，生产制造，以及ERP沙盘模拟等实战性强的科目培训。例如，ERP沙盘模拟培训是模拟一个企业的实际经营过程，让学员在参与的过程中，深刻体会到企业战略、管理、经营等方面的重要影响因素，通过观察企业运营的表象来洞悉企业发展的内在规律，提升学员的企业管理能力及分析能力。一位学员曾经感慨地说："通过这种模拟形式，我了解到企业实际运作过程，跟企业高层谈起话来不像以前那么空洞、没底气了。学到这些知识，就像给梦想插上了翅膀，以后，可以带着自信到客户那里去谈ERP了。"

同时，金蝶不定期地委派技术骨干出国培训，委派一定数量的管理人员参加EMBA培训；特设"总裁学堂"，邀请企业家、社会知名人士为员工授课，开拓视野，广博见识。真正构建起一个开放自由的学习型组织。而这，恰恰是从事创造性工作的金蝶员工的深层次精神需要。对此，徐少春表示："通过组织对员工的各类专题培训，为管理人员组织职业经理人培训，在帮助员工提高职业水平，完善职业生涯规划的同时，也增强了对企业的凝聚力。"2007年，金蝶进一步加大专业培训及后备经理人培训，持续深入推进"双阶梯职业发展通道"体系，完善"金蝶员工能力素质模型"，并开办金蝶管理干部训练营，进一步加大对后备干部的培养，以满足公司未来业务发展之需。

这一时期，金蝶将规范化管理与人才培养有机结合起来，人才素质的提升反过来强化了管理的规范性和有效性。在向企业管理软件商转型的过程中，这一系列学习培训的开展，加上管理机制的重新设计，增强了金蝶赋能个体的组织能力。

重塑平等的沟通文化

著名管理学家 LarryE.Greiner 曾说，在某一阶段有效的管理惯例，也许会导致下一阶段危机的出现。随着金蝶的进一步扩张，精英文化也开始滋生出一些亚文化，即家长式管理。创始人常常将企业生存的危机感深埋于心。徐少春发现，已经创业十多年的金蝶，激情与梦想正从员工的意识中消失，管理者自我批评的意识逐渐淡薄，一些“精英”们在现有岗位上已经工作了较长的时间，逐渐变得固守现状而不思改变。有更甚者，在公司统治着自己的“小王国”，从而滋生了“办公室政治”的不良习气，企业内部出现自立山头的现象。现有的管理模式已经很难支撑金蝶以后的发展。徐少春开始思考，何种管理模式，何种组织文化，更能支撑金蝶成为一家优秀的企业管理软件公司。

2003 年 8 月，金蝶展开了一次号称“斩尾行动”的内部活动，进行了一场全面的“称呼改革”。“× 总”这样在企业中司空见惯的头衔被禁止，代之以对方的英文名或其他可拉近距离的称呼。上至管理层下至普通员工，一致提倡去除“官称”，全员都要使用英文名互相称呼，没有英文名的，也可以直呼其中文名。甚至对徐少春，也只能叫“Robert”，而非“徐总”。所有高管必须开门办公，任何人可以随时进入办公室与之交流。公司战略与文化不再是只在高管会议上商议，也让一线员工在啤酒俱乐部（Beer Bust）发表意见。两个月后，公司所有员工都自发使用英文名，或者直呼其名。这让徐少春颇感欣慰：“公司在发展过程中积累下来的官位习气逐渐稀释，员工们原有的思维模式也因为习惯的改变而改变了，气氛非常融洽。”金蝶的这场公司文化重塑运动，逐渐形成开放、分享的创新文化环境。

美国管理学家乔治·埃尔顿·梅奥提出人本管理思想时曾揭示：“工人的工作积极性不仅仅由金钱驱动，个人的态度、心理满足、社会因素等也同样发挥决定性作用。”此后，心理学家马斯洛的五个层次需求等级理论则更进一步推动了人本管理思想的发展。马斯洛认为，从激励的角度看，企业管理者必须了解人们需求的不同层次，然后采取相应措施来满足员工的不同需求，从而最大限度地调动员工工作的积极性。为了了解员工的所思所需，徐少春不仅与管理层保持着良好的交流，还经常找基层员工座谈。在金蝶，为了确保时刻都有沟通的途径，员工们还可以通过给公司最高领导写信、发邮件、打电话等方式谈他们的想法。徐少春说：“金蝶鼓励员工提意见，而且喜欢那些有独到见解的员工，把握标准或原则就是：对公司的长远发展是否有利。”

在这其中，最有意思的莫过于金蝶人的啤酒俱乐部（Beer Bust）——一个只有啤酒，没有座位的聚会。Beer Bust 的创意源于 2004 年，其目的在于建立进一步加深管理层和员工之间平等无障碍的沟通渠道。在 Beer Bust 中，一名金蝶高管和一群来自相同或不同部门的员工大口喝着酒，无所顾忌地交谈。他们偶尔会谈论即将开打的某场体育赛事，偶尔会说哪位同事当了父亲，或是抱怨几句食堂的饭菜。当然，更多时候，他们会红着脸、神情激动地谈论自己对公司的建议，也会毫不客气地批评那些自己难以理解的新战略。在场的高管不时点头，或拍拍员工的肩膀，或者干脆一块儿猛灌几口啤酒。直到夜深，众人才带着兴致渐渐散去。而此时，那位酒意未消的高管却依然独自靠在办公室的沙发上回想刚才某位员工的话。曹仰锋先生评价道："金蝶用这种最平等的方式拉近了高管与一线员工的距离，大家在觥筹交错中卸下架子和防备，迅速建立起一份亲近感和信任感。"

通过情感沟通管理，徐少春重新搭建起管理者与员工之间的桥梁。这时候，管理者与员工不再只是单纯的命令发布者与实施者的关系。管理者通过与员工共同讨论工作计划和目标、认真听取员工想法、积极采纳其提出的合理化建议等行为，让工作计划和目标更加趋于合理。伴随对管理参与度的提升，员工的工作积极性与工作效率显著提高，并逐渐形成良好的自我管理。

创新文化

费洛曼曾说："创新文化是一种培育创新的文化，这种文化能够唤起一种不可估计的能量、热情、主动性和责任感，来帮助组织达到一种非常高的目标。"

在风起云涌瞬息万变的软件行业，企业要想求生存、求发展，就必须坚持创新之路。徐少春坚信，创新的灵魂是人才，只有通过优秀人才，才能实现创新。拥有创新型企业文化的组织中，工作氛围通常较为宽松，应尽可能减少规章制度对人的约束，给予员工更多的自由度，鼓励员工活跃思维、提出各种创意，尊重和鼓励不同意见甚至叛逆的观点，也鼓励组织内跨越部门和等级的沟通与交流。

徐少春认为，软件行业日新月异，一跃千里，在面对市场发生的变化的时候，管理者需要先知先觉，才能把握发展。金蝶团队在创新的土壤中成长，只有敢想敢干，敢为天下先，才能够把握机遇。"我们要鼓励员工，发扬亮剑精神，大胆创新。"在金蝶的企业文化中，徐少春要求员工把创新作为一种观念和一种态度，融入每项任务之中，而不单单是空喊口号。

为了刺激和增强员工的创新意识，金蝶特别建立“创新委员会”，鼓励每一位员工积极申报自己的创新成果。无论最终该创新是否被采用，公司都会给予他们物质上或精神上的奖励。在金蝶办公区的墙壁上，挂满了优秀员工的大幅照片，徐少春努力在公司内建立一股“学先进、赶先进”的企业氛围，“高科技企业现在完全是靠脑袋赚钱。脑袋里的知识，我肯定是看不见的，必须员工自己愿意把它奉献出来才行。所以就必须要激励，让每一个人有使命感，并敢于承担。”为了让“创新”不只是一句口号或一种观念，而是成为一项实实在在的制度。金蝶大力鼓励员工发表文章专著，鼓励其成为行业精英、成为社会明星。在金蝶，有一面长墙，专门用来标榜金蝶人的创新成果，也是金蝶人的功勋墙。

牟永乔是金蝶研发团队的一名“老司机”，自2004年加入金蝶以来，一直在K/3产品部深耕研发，经历了K/3V10.2、V10.3、V10.4……V15.1等版本开发，带领团队先后发布了APS、智慧工厂、IoT边缘计算等相关产品及方案，成功申请并获得了多项专利。牟永乔认为：“专利是技术创新的结晶，是对研发人员创造力的高度肯定。希望更多的研发同事也积极参与到专利申请中来，用专利来保护和彰显自己的发明创造，争做‘金蝶发明家’。”

徐少春表示创新应该是千姿百态的，而不是千篇一律。“我们鼓励员工以自己独特的思维方式去看待创新。但在一些重大的产品创新上，我们则另有一些协同的规则，以使得大家能够在一些已被认可、有经验的成果上不要继续创新。因为我们已经不需要再为这种创新付出成本。我们鼓励每一位员工，去开展新领域的创新。”2016年徐少春做客《财知道》栏目，再次提起“创新”的话题时，进一步提出了“持续性、颠覆性创新”，即“一个企业要两条腿走路，既要持续创新，又要颠覆性创新。金蝶每年在研发的投入均占到营业额的15%~16%。如何激励员工创新？一方面金蝶每年评选标志性奖项，对创新的员工进行奖励，如评选杰出创新奖，奖励房子，奖励特斯拉，只要创新就能获得回报；另一方面，金蝶在文化上激发员工的动力和良知，这不仅是为了物质，更是为了员工自我的实现，自我成就‘国运’当头的年代，创造令人尊重的、令自己感到自豪的事业和成功。”

创新，是金蝶发展壮大的DNA。金蝶的每一次技术突破和革新都引领着时代风气,在坚持“自主创新”之路的同时,也帮助不同领域的中国企业实现“管理创新”。这一切都离不开徐少春领导下的优秀的创新文化和优秀的金蝶人。

大家文化

德鲁克曾说：“有伟大成就的人向来善于自我管理”。知识经济时代，自我管理已然成为每个员工被要求掌握的重要能力之一。北京大学国家发展研究院BiMBA商学院院长陈春花教授在参观微信总部时谈道，优秀的企业都具备一种统合员工的企业文化，并使得员工能够进行自我管理。管理的本质是员工真正具有自我领导的能力。

2007年是金蝶快速变革的一年。在原有ERP产品快速增长的基础上，金蝶率先宣布进军全程电子商务新领域，致力成为全球企业管理软件及电子商务服务市场的领导者。这一年，金蝶在原有企业文化的基础上，结合自身发展阶段和发展目标，重新修订了企业文化，使得人人都负起责任。该文化的内涵包括了多个方面：既要讲求仁义友善，也要履行社会责任；既要信守诚信负责，也要坚持公平公正；既要保持“敢为天下先”的创新精神，也要端正“客户第一”的服务态度。这种文化帮助企业树立了一个有中国特色的国际企业形象。这就是金蝶的“大家文化”。

《中外管理》的主编焦晶曾对此评价道：“如果说‘激情文化’和‘精英文化’强调的是‘将军（管理层）’的作用的话，‘大家文化’无疑是在倡导‘士兵突击’，并让全体员工迸发出活力与创新动力。”

告别“老家长”

授权给各级员工，是推动企业成长的根本动力。华为创始人任正非先生说：“我是在生活所迫、人生路窄的时候创立华为的。那时我领悟到个人才是历史长河中最渺小的人生真谛。我深刻地体会到，组织的力量、众人的力量才是力大无穷的。”在经历了长达十六年的创业、转型生涯后，徐少春毅然决然将CEO的头衔让位给何经华。如果说此前徐少春在公司治理上的风格是集权式管理，2009年的他则开始尝试“无为而治”。他从纷繁复杂的日常管理和会议中抽身而出，转而将更多精力放在研究金蝶未来的发展战略和资本运作上面。从行政总裁的职位转换成首席架构师之后，徐少春再也不是一个乐于亲力亲为，事事不放心的“家长”。在管理上的放权让身边人开始清晰感受到，他正在努力修正过去自己在金蝶家长式的影响力，积极转换自己在企业中的角色。

在企业发展初期，创业者的专断可以让企业迅速积聚力量，但伴随企业的逐渐壮大和成熟，继续维持个人决策而非规范的组织决策则容易为企业发展带来局限性。随着对市场变化认识的深入，徐少春不断修正自己的决定，这其中体现出他对市场变化敏感、快速反应的一面，使金蝶更能适应多变的市场环境；但也导致金蝶市场策略和组织结构的不时调整，企业内部的员工和管理层容易唯“老板”是瞻，企业文化缺乏安全感。

何经华曾于2002年5月以500万元年薪高调空降金蝶的老对手用友软件，并出任用友CEO。对于启用一位曾为竞争对手服务过的CEO，徐少春的态度是：“何经华和我一样，都有相似的经验教训。共同的第二次，往往会成功。”在徐少春看来，何经华处理事情讲究规范，一是一，二是二，不会为感情色彩所左右，这正是自己所欠缺的。在何经华上任之前，徐少春与之共同签署了一个详细的书面协议，明晰双方的责任和权利，并为他预留出合理的表现空间和时间，以便何经华更好地明确职责，充分发挥经验优势，真正实现金蝶管理上的优化和变革。

2007年元旦，何经华正式上任金蝶CEO，徐少春写信给全体员工说何经华将在产品发展和管理体系规范上做出独特的贡献。此前，规范管理一直是金蝶的短板，何经华上任之后，立即在管理规范上形成了一系列管理办法。其中最具代表性的“26个运营指标”，激活了金蝶全国各分支机构的绩效意识，明确将分支机构的业绩目标注意量化，堪称金蝶内部管理改革的一剂猛药。

在何经华的治理下，金蝶的变化超出了徐少春的预期，也让徐少春快节奏的生活得到了缓冲。

没有家长的大家文化

在马克思设想的未来里，人们享有充裕的自由时间和充分发展自由个性的广阔空间，劳动由谋生的手段变为人的第一需要，管理也成为每个人自由自觉的自我管理而非外在管理。自我管理必须有个引导，否则，对于组织来说，个人的自我管理可能会导致组织内目标的冲突，从而使组织的最终目标难以实现。因此，个人的自我管理只有建立在共同愿景、使命、价值观的基础上，建立在同企业文化相契合的制度之下，才能使员工自我管理有正确的方向。

啤酒俱乐部虽在一定程度上提升了公司的士气，却并没有彻底消除金蝶内部存在的自立山头、管理者家长作风的痼疾。有一次，用户将一个很紧急的技术问题反馈到金蝶总部客户部寻求帮助。客户部研究之后发现并非本部门职能，拒绝了请求，让用户找代理商解决，再让代理商联系产品研发部。实际上，他们只需要将这封邮件转发给产品部门就可以解决问题了。渐进的改良逐渐失去效用，只有来一场革命才能涤荡这些沉积的顽疾。2007 年 6 月的一个周五下午，金蝶国际北京分公司的会议室里，员工们手握啤酒杯，三五成群地聊着。酒酣耳热气氛活跃之时，徐少春手端着一杯红酒从人群中向台上走去，脸色微红，神情激动地说："我们必须彻底消除'家长式管理'和'公司政治'，共同建立一个更加开放、全员创新的、国际化和充满人情味的全新的金蝶文化！我们要建立以客户为中心的文化，而不是以领导和管理者为中心的文化。"

当时，金蝶正处于向服务转型的阶段。每一位金蝶的员工在客户眼中都代表着金蝶。对客户来说，他们眼中的金蝶，恰恰就是直接和他打交道的那几个人。在这种情况下，员工不仅需要有一定的管理水平，同时要有主动为客户服务的意识。此时，徐少春提出“大家文化”，切实推动员工实现制度下的自我管理，形成开发、包容、创新的企业氛围。为了让“大家文化”真正落地，金蝶提出了“三化”建设。首先是管理制度化。强调的是纪律、法治精神、流程与规范。同样的事情重复发生两次以上，就需要建立管理制度和流程加以规范；通过奖惩，建立新习惯和新规范。其次是业务标准化，强调质量及价值意识，匠心精神、行业领导者风范。要求员工不断提升业务水准与质量，实现业务标准的可复制，降低管理成本。最后是人员专业化，强调职业精神、职业能力。借助《金蝶干部管理条例》的颁布，加强组织建设，提出干部要彻底转变心态，增强使命感和责任感；要用制度管人，用文化留人；要对员工的职业发展负责。

“客户第一、持续创新、诚信负责”，是在“大家文化”下衍生出的以顾客为中心的核心价值观。“客户第一”是要鼓励爱戴客户、尊重客户、将客户放在第一位的行为；鼓励客户投诉、抱怨与批评；超越顾客期望，帮助顾客成功。“持续创新”则鼓励员工持续、系统性创新、超越自我、超越标杆。“诚信负责”体现了诚实守信、不欺诈、不造谣、不传谣、不信谣、言必行、行必果；对岗位负责、对公司负责；对员工的职业发展负责、对社会负责的基本行事原则。2008 年，金蝶人力资源部进一步对核心价值观进行分解，并形成“三大纪律、八项注意”，如下表所示。

表　金蝶“三大纪律、八项注意”（2008 年）

三大纪律	纪律一：禁止行贿和受贿
	纪律二：禁止泄露和出卖公司商业秘密
	纪律三：禁止诋毁客户、伙伴及公司
八项注意	注意一：尊重客户，守时守信，反对怠慢客户
	注意二：欢迎投诉，首问负责，反对责任病毒
	注意三：主动协作，献计献策，反对本位主义
	注意四：互相尊重，不称官称，反对家长作风
	注意五：精益求精，日清日结，反对敷衍了事
	注意六：积极分享，传播经验，反对独享知识
	注意七：参会准时，积极发言，反对迟到早退
	注意八：着装得体，文明办公，反对大声喧哗

作为金蝶的“企规”，三大纪律体现“诚信负责”的行为准则；“八项注意”则体现“客户第一、持续创新”的行为准则与“创新、共赢、和谐、快乐”的工作氛围。徐少春强调：“金蝶需要员工的主动和奉献的热忱。在金蝶大家庭里，我们是一帮兄弟姐妹。同事之间以兄妹相称，由员工当家作主。”

“致良知”文化

吴甘霖在《心本管理：管理学的第三次革命》提道，从发展历程来看，管理学大致经历了物本管理（科学管理）、现代人本管理和心本管理三个阶段。心本管理即通过管理者自身身心修炼、建立幸福的组织来实现员工的幸福。在中国的传统文化中，儒家、道家等都包含着以心为本的哲学理念，乃至国外学者们口中的“以心为本的利他经济学”“共同愿景”等新理念无不体现出以心为本的中国传统智慧。心本管理逐渐进入企业家们的视野。经过长期的发展和激烈竞争，金蝶的企业文化一次次证明了它的正确性，并深深地影响着每一位金蝶人。面对瞬息万变的市场环境和激烈的行业竞争，要想维持企业的竞争力并继续发展，就必须进行变革和创新，而塑造新的企业文化在这场变革中显得尤为重要。

“以前我说，人生所有的欢乐都是创造的欢乐；而现在我说，人生所有的欢乐都是“致良知”的欢乐”。从2011年起，经过六年的转型和探索，徐少春带领金蝶从孟子的王道精神，一路追寻，最终找到了以心为本的良知之道。

利他王道

一个偶然的机会，徐少春接触到了“王道精神”。“王道精神”出自《孟子·公孙丑（上）》：“以力服人者，非心服也，力不赡也；以德服人者，中心悦而诚服也，如七十子之服孔子也。”“霸道”者以力服人；“王道”者以德服人。徐少春认为，近代商业文明的本质就是“霸道”，而新商业文明的本质就是“王道”。如果一切从王道的思想出发，不仅可以利他、利己，而且可以消除当前商业中各种弊端，构建新的商业文明，并随着中国企业走向世界，让中国文化影响世界。徐少春更加坚信“王道精神”其实就是中国管理的最高境界，于是，他把推广“王道精神”当成了自己和公司的追求。

“在当下，精神匮乏和30年前的物质匮乏一样。从前，为了吃饱、活得更好、为了有钱，大家都去创业。正是因为这样，我们锻造了30年的财富。而今，我们正处在一个迷失的阶段，是与非，善与恶，在犹豫，在彷徨。因此我在公司内部提出六个字——走正道，行王道”徐少春在2011年企业家精神崛起与衰退之辨上提出观点。次年，徐少春正式提出，金蝶以“走正道、行王道”作为企业的核心价值观。徐少春认为，走正道，就是诚信经营、遵纪守法、公平正义，坚决禁止欺瞒客户、行贿受贿；对于违背《金蝶商业行为准则》的行为，金蝶“零容忍”。行王道，则是不损人利己、爱心利他，共创共赢。

王阳明认为“乐是心之本体”。在日常经营中，企业往往会面临“利己”与“利他”的矛盾与调和问题。人人都有利己之心，而一位优秀的企业家，则善于充分发挥其“利他之心”，在提升员工主人翁意识、帮助其实现自我价值的同时，把员工及家人的幸福感一并融入企业的经营战略之中。真正做到以员工为中心，激发员工的“心之力”。

自创立之日起，有爱心、懂感恩，就成为金蝶人的心灵契约。2011年，由员工委员会发起，员工自发成立“爱心互助基金会”，徐少春为基金会捐款100

万元作为启动资金。在金蝶画报上，你可以看到这样一封招募令："我们关注兄弟姐妹们在金蝶的工作感受，我们关注兄弟姐妹们关心的点点滴滴。倡导爱心和奉献，希望每一个金蝶人在这个大家庭都有归属感和成就感。我们要让管理层及时了解员工的心声，我们希望通过员工委员会这座桥梁增进公司与员工的沟通和理解，并切实解决员工关心的问题。我们成立爱心互助基金会，多次发起募捐并组织义卖，想通过爱心基金给遭遇不幸的兄弟姐妹送上爱心与帮助。"基金会通过募捐的形式筹集资金，当兄弟姐妹遭遇不幸时，金蝶人第一时间伸出援手。

因为行业特点，员工常年出差，无法陪伴家人，照顾子女。徐少春深知他们的不易，自上市之初，便在金蝶努力推行全员持股的期权激励计划，奖励员工增持股票，与员工共享经营成果。学习德邦物流，实施"亲情 1+1"的计划，从员工每月薪资中拿出一部分，公司再同额补贴，一起寄给他们的家人，让中华孝道文化得到传承和发扬。与此同时，金蝶致力建立开放和共赢的伙伴生态体系，将自身最盈利的产品业务交给渠道伙伴经营，并向伙伴开放金蝶平台，鼓励伙伴开发行业增值产品，提供增值服务，更为伙伴创造盈利模式与空间，逐步做强一条产业链，实现共创共赢。

孟子强调"以德服人"，利他利己。曹仰锋先生亦赞成企业治理应坚持"德制并重"。金蝶在以"制度"构建企业规则、规范员工行为的同时，也以"善德"塑造企业文化，净化员工心灵。

从“心”出发

企业文化的重塑不是一朝一夕就能实现的。在文化变革最困难、最关键的时刻，领导者的传递与推动作用显得至关重要。2016年，徐少春携高管龙场悟道，正式开启金蝶“致良知”文化研修之旅。以至诚之心，立下此生光明之志——带领金蝶“成就伟大事业，重新出发，激发心动力，从优秀走向伟大”的决心。金蝶的“致良知”与稻盛和夫的“以心为本”企业经营主张有异曲同工之妙。稻盛先生一生将“知行合一”的心学理念融入企业经营管理之中。他认为：“为了企业的发展，每个人都应竭尽全力，经营者也不负众望，拼命工作，员工们相互信任，不贪图私利私欲，大家都以在这个公司共事为荣，共同期盼公司发展壮大。”

2016年10月，金蝶高管参加盛和塾“心之经营”的赴日游学。日本优秀企业对中国传统文化的学习、渗透、传承，令金蝶人感慨良多，也让他们进一步意识到“良知之道”实际是一股强大的精神力量。金蝶首席人力资源官（CHO）、副总裁、人力资源部总监吴建国所谈道的：“徐总常说，管理的本质就是‘致良知’，要激活人心，凝聚信任。初次听到很有感触，作为管理者，我们经营的不是实物而是蕴含无限生机的人心，今天市场竞争的不是表面的产品竞争，本质还是人和人之间的竞争，是心和心之间的差距。拓展经营的先决条件就是提高心性，提升人格。”

2017年1月5日，金蝶用王阳明当年悟道地——“玩易窝”取来的火种，点燃了‘致良知’火炬。良知之火从北京出发，沿途经北京金蝶软件园、上海金蝶软件园、长沙基地，历时49小时，跨越3200公里，1月9日，抵达深圳总部。徐少春接过良知火种，点燃了8位子公司负责人手中的火炬。随后，金蝶正式成立“阳明学院”，组织公司管理人员学习致良知文化。希望将“致良知”的精神传递、渗透到每位员工的心中。

企业文化建设并不是一件易事。面对新文化，任何人都会产生疑虑、恐惧、不安全的情绪。转型后的文化是否真的正确？金蝶能否在此基础上迎来全新的光明未来？刚开始的时候，大家并不是非常理解这种用传统文化渗透企业文化的方式，甚至有一丝丝抵触。随着致良知学习的深入开展，大家开始渐渐地感受到文字里的精神力量。随着对文章的感悟越来越多、越来越深，许多人在分享、交流的过程中热泪盈眶，更多人开始自上而下自发地学习‘致良知’文化。2017年金蝶中期会议，徐少春提出，经过六年的转型探索，金蝶人坚持信念，坚持信任，坚持行动；通过一年的“致良知”学习和觉醒，金蝶人要打造“四铁团队”：铁一般的信仰、铁一般的信念、铁一般的纪律和铁一般的担当。铁一般的信仰：要“致良知”、累积福报、必得天助！相信“致良知”是一种伟大的力量，相信“致良知”是金蝶的管理哲学。铁一般的信念：相信中华民族伟大复兴的中国梦必将实现，相信一个强大生态系的金蝶梦必将实现，相信中国管理模式一定能够在全球崛起，相信金蝶一定能够成为值得信赖的企业大数据服务公司。铁一般的纪律：要自律，自律就是最好的纪律；要坚守底线，严格遵守金蝶的各项规章制度，比如《金蝶商业行为准则》。铁一般的担当：面对大是大非敢于亮剑，面对困难敢于迎难而上，面对危机敢于挺身而出，面对失误敢于承担责任，面对歪风邪气敢于坚决斗争。徐少春慷慨激昂地说：“金蝶人要成为铁一般的兄弟姐妹，各级经理人以身作则，带领本组织打造铁一样的团队。”

陈春花教授对此评价道：“企业是一个整体，而这个整体的核心是‘人’，是一个个鲜活的个体，是一个个拥有‘良知’的个体，这是领导者所要真实感受并真切启发的核心关键，在这一点上，金蝶做了极有价值的探索并取得了成效。”

成功的转型，其根本就是一项人性化的进程。与其犹疑不前，不如怀着“以心为本”的心态大力拥抱整个过程，带动全体成员砥砺前行。今天，在金蝶，徐少春正引领着自己的“四铁团队”，行走在“良知”之道，与时代同频共振，朝向伟大，共同为社会做出一份担当和贡献。

第三章

物形之·产品制胜

知之真切笃实处即是行，行之明觉精察处即是知。

——王阳明

王阳明在《传习录》中说道："惟天下之至诚，然后能立天下之大本"。王阳明认为要拥有普天之下最绝对的真诚，才能确立天下的大本。"立真切为善之志，专心致志于此，然后从谨独处下功夫，久而久之自见意诚境界"。只要意诚了，自然会认识到知行合一的本意，而后便能领悟到自己的良知本体，天下事也就了然于胸，立于股掌之间。

从解放财务人员双手的立志与初心到赋能、成就财务人员的情怀大义，从帮助顾客成功的矢志追求到用户至上，从管理软件厂商到以管理与IT结合的视角提供企业管理问题解决方案的供应商、再向自我颠覆和自我革命造就的"云服务"企业演化，在"产品领先、伙伴至上"策略的一路引导下，徐少春以其"真诚本意"带领金蝶打开了全新的财务管理世界的大门。

一战成名

加斯顿·伯格曾说"明天将不会像昨天，它将是全新的，将取决于我们所做的一切。与其说它是有待发现的事物，不如说它是有待创造的事物。”

1978 年，财政部拨款 500 万元给长春第一汽车制造厂，拉开了我国会计电算化的序幕。此后，涌现出一大批财务软件开发与推广的高科技企业和从事财务软件研究的专家、学者，建立起了一支在会计电算化领域相当专业的管理人才队伍，金蝶便是其中之一。

当时通过财政部评审的财务软件公司里，绝大多数的产品都是基于 DOS 平台开发的，包括金蝶，但由于 DOS 是一个单用户、单任务的操作系统，只支持一个用户使用，并且一次只能运行一个程序；且其采用的字符操作界面，使得用户对电脑的操作必须通过键盘输入命令来完成，迫使用户必须学习相应的命令。这在系统使用方面给用户多少造成了一些困难。

1985 年 11 月，由微软设计的 Windows1.0 横空出世，突破了这种不便。相比 DOS 系统，Windows 系统有两大优势：一是增加了鼠标应用，二是可以进行多任务处理。Windows1.0 的设计工作耗费了 55 个开发人员整整一年的时间。1994 年，第一个中文版 Windows 系统登录中国。之后，微软公司不断推出新的 Windows 版本。1995 年 8 月 24 日，微软公司发布 16/32 位多任务操作系统 Windows95。不同于以前的版本，Windows95 带来了更强大、更稳定、更实用的桌面图形用户界面，提供了更丰富的程序和附件，使用了更新的联网技术，使 Windows 一举成为主流的操作系统。

1993 年 8 月 8 日，徐少春与美籍华人赵西燕女士，深圳市蛇口工业区社会保险公司合资成立金蝶软体科技（深圳）有限公司。赵西燕女士对徐少春说：“我在世界银行办公用的电脑全都是 Windows 系统了，你们怎么还在用 DOS 系统呢？”

这一席话引起了徐少春的好奇与思考，他开始研究 Windows 操作系统。过程中，徐少春发现 Windows 系统操作美观，实用性强，认为其体验程度远优于 DOS 系统。于是他认定“Windows 系统是未来的主流方向”。

在这样的观念驱动下，徐少春下定决心向 Windows 转型。他以超前的意识，率领金蝶几乎全部技术精英投入 Windows 版产品的开发。当时有员工问他：“那 DOS 怎么办？”徐少春头也不抬地回道：“那是一块坟墓，谁爱要谁要去。”正如纳尔逊·曼德拉所说：“在事情成功之前，一切总看似不可能。”就这样，经过一年时间的研发，金蝶于 1995 年春节后在人民大会堂发布了基于 Windows 操作系统的财务软件“金蝶财务软件 ForWindows1.0 版”，它的产品界面就像一个房子，徐少春把它定义成为会计之家，即会计人员的家。软件含有凭证，有报表等功能，有效结合了会计处理的各个功能和流程。

作为一家高新技术企业，技术创新是企业的根本所在。当外部大环境相同的条件下，技术的创新能力决定了企业的发展速度与规模，尤其在 IT 行业，这种能力显得更为关键。徐少春深知这个道理，金蝶与微软公司建立了密切的业务合作伙伴关系，使用当时最好的开发工具和平台——VB 和 Windows 平台来进行产品开发。成为当时国内第一家使用如此大型工具进行开发的企业。1996 年 4 月，金蝶推出基于 Windows 平台的“金蝶财务软件标准版”，首创“无缝联合”技术的概念，在市场和同行中引起强烈反响，使全国会计电算化人员对 Windows 版财务软件的先进性有了全面的认识。

这时候，恰逢国内的硬件价格普遍开始滑落，为金蝶扫清了 DOS 平台转向 Windows 平台的障碍，给财务软件 Windows 标准版的推行创造了有利条件。此刻的徐少春感到机遇来了，必须到北京发展！他派人到北京，开始了北京分公司的筹建。与此同时，在之后的第 7 届软件交易会上，推出了 WindowsV2.51 产品的首发式，并邀请一些业内专家共同参与。那时候 Windows 系统尚未普及，大部分企业的电脑配置还难以跟上最新的 Windows 系统，金蝶的竞争对手也都还在埋头 DOS 系统应用的开发。徐少春当场便受到专家的质疑：“你们的 Windows 版能行吗？今年推出是不是早了点？”对此，徐少春却表现得十分自信，并表态“不信走着瞧！”事实证明，此届软件交易会上，金蝶 Windows 版财务软件最终被中国软件评测中心确认为中国首家优秀级 Windows 版财务软件。

徐少春抓住时机，在《计算机世界》上做广告，发布消息，还组织了《财务软件南北交流进一步加快》《Windows 版财务软件谁主沉浮》《中国财务软件向何处去》等一系列文章，为新产品的推出造势。同时，他开始紧锣密鼓筹办金蝶的第一次全国巡回展示会。当时正值深圳的荔枝节，金蝶打出“品尝深圳荔枝，观赏优秀软件”的口号，将深圳的荔枝空运到每个展会上。此次巡展覆盖了北京、上海、南京、广州、杭州、西安等十几个城市，短短一个月，成交额就达到了五六百万元。

1997 年，金蝶提出“决策支持型财务软件”的概念，成功开发会计决策支持系统，较早地把管理会计的部分理论和方法运用到软件当中，还提出一系列的预算方法和预测方法。当时在业内，很多人同样并不看好，认为这是阳春白雪，太过超前。但事实又一次证明，这些概念没有错，不仅会计理论和管理理论需要发展到决策支持这个管理软件的最高阶段，而且从技术上来讲，数据仓库、数据挖掘、在线分析软件和在线决策软件都为决策支持系统提供了非常好的基础。最终，该产品在国产 Windows 版财务软体评测活动中获总分第一。这一系列举动促成了财务软体由 DOS 向 Windows 迅速转移。也让金蝶从 DOS 到 Windows 时代一战成名。金蝶的销售额从 1995 年不到 1000 万元，骤增到 1996 年的 3600 万元，实现了 300% 以上的增速！

向 Windows 转型是一场顺势而为的革命，这场革命的成功让金蝶顺利赢得了市场主动权。金蝶的迅猛发展，得益于创始人徐少春对市场的快速反应及勇于突破的个性。一位金蝶的员工评价道："他是一个主动求变、主动创造、主动变革以赢得主动权的人；他是一个希望引领时代的人。这是融化在他骨血里最本质的基因，或许旁人看来转型是痛苦的，但他在这个事情上永远是往前看。"徐少春创新变革的战略远见，使金蝶一下从业内不起眼的公司变成了行业领导者。也由此，形成了中国管理软体发展史上"南金蝶、北用友"的竞争格局。

蓝海战略

蓝色海洋策略正向企业挑战，促其脱离血腥竞争的红色海洋，创造没有人与其竞争的市场空间，把竞争变成无关紧要。这种策略致力于增加需求，并摆脱竞争，不再汲汲营营于瓜分不断缩小的现有需求和衡量竞争对手。

——摘自《蓝海战略》

金蝶 ERP 产品诞生

如果说从 DOS 到 Windows，是金蝶聚焦财务管理的首次飞跃，那从财务软件到 ERP，则是其第二次腾飞。

20 世纪 80 年代，我国的 ERP 市场主要被跨国公司垄断，其中德国 SAP、美国四班软件、美国甲骨文等公司占据着 ERP 高端市场。但由于国外 ERP 软件不适应中国国情，导致其在中国的实施过程中遇到了巨大的阻力。随着社会主义市场经济的进一步发展和企业内部的深化改革，越来越多的企业开始意识到优化内部资源配置和全面提高科学管理水平的重要性。企业全面信息管理系统备受欢迎，国内的财务软件企业不甘心落于人后，也开始热炒 ERP。

ERP 系统是建立在信息技术基础上，以系统化的管理思想，为企业决策层及员工提供决策运行手段的管理平台。它能够有效帮助企业降低成本，提高效率。随着信息技术的飞速发展和企业信息化建设的迅猛推进，越来越多的企业都开始积极引进 ERP 来提升自身的竞争力。

1998 年 6 月，国内八大财务软件商在北京联合召开了“向全面企业管理软件进军”的发布会，并报告了各自面向大中型企业全面信息管理系统的解决方案，表明长期被国外软件厂商把持的企业管理软件高端市场壁垒已被攻破。中国的企业管理软件市场已经全面启动。在会上，徐少春向业界呼吁：“中国财务软件公司重任在肩，我们要走出自己的路！”

徐少春认为，如果把企业比作人的话，那么国外 ERP 软件可以被比喻为金发碧眼的外国人，而民族企业管理软件则是黑头发、黑眼睛的中国人。中国人与外国人的不同，很明显表现在意识形态、生活习惯和文化背景上的不同。管理软件更是管理思想、文化和理念的载体。应该针对中国企业的管理基础和管理现状，充分运用“洋为中用，古为今用”的思想，大力发展民族企业管理软件。

于是，金蝶顺应时代，开发了K/3ERP产品，并提出“三层结构技术”的概念。在此之前，财务软件仅有客户端和数据库端两层结构，大量的处理都在后台，易造成数据的互相阻塞，从而对软件的大规模生产和开发产生不利影响。金蝶的三层结构概念，即在客户端和数据库端之间构建一个应用服务层。如果说二层结构的ERP像没有服务员的餐厅，顾客自己去拿食物，容易形成拥挤；三层结构则给这个餐厅添了一名服务员，享受其服务，保证了运营的井然有序。徐少春强调：“要想称霸企业管理软件市场，必须拥有三层结构这样可扩展的先进技术。”正如徐少春所说，这款基于三层构架的ERP系统解决方案，很好地实现了企业资金流、物流、信息流的三合一，并且融合了电子商务功能，获得市场良好回应。时任珠海励致洋行董事长的俞敏赞赏道：“中国企业首先解决的问题是基础信息化，K/3不像国外软件那样大而全，而是抓住了最核心的东西”。他还特别补充说：“K/3是中国人做的，更适合中国国情。”

根据CCID于2000年的调查数据显示，国内软件销售市场上，SAP排在第一位，所占市场份额为25%~26%；Oracle以11%的市场份额位居第二；金蝶以10%的市场份额位列第三，作为国内软件公司的领头羊摘取铜牌。K/3ERP系统的开发，迅速扩大了金蝶的客户范围，使其营业规模与知名度获得了进一步的提高。K/3系列企业管理软件的部署与落地，更是引发了几乎所有中国本土财务软件厂商由财务软件转向企业管理软件的战略迁移。

与此同时，来自著名国际数据集团 IDG 的投资，为金蝶实现进一步发展提供了完备的资金支持。2001 年，金蝶以“现金 + 股票”的方式出资 1570 万元，从 TCL 手中购得北京开思软件公司（以下简称开思）。开思成立于 1990 年，是一家专业从事 ERP 开发，销售及提供售后咨询服务的软件厂商，是中国 ERP 市场上的老牌劲旅。在 IDC1999 年中国软体市场报告中，开思软件以 4.6% 的市场占有率，名列中国本地 ERP 厂商第一。有人认为金蝶是“捡了大便宜”，也有人认为 TCL 总算“转让掉了一个烫手山芋”，但对开思而言，无疑是找到了一个“好婆家”。

徐少春表示：“并购开思，使金蝶拓展了上海开思 OA 和知识管理平台等新的业务领域，同时又让 ERP 走向了高端。”并购整合双方产品的优势，有效帮助了金蝶扩张其 ERP 版图，拓展新的产品领域，扩大客户群体，优化服务体系，为金蝶新的战略整合赢得了时间、技术资源及宝贵的人才，也给金蝶从财务软件向 ERP 转型打下了坚实的基础。同时，金蝶在业内首发实施关注顾客满意度的服务战略，积极推动服务的标准化和规范化，以真诚和服务换得了金蝶 10 万个用户的肯定。伴随着顾客的成功，金蝶也快速成长为中国管理软件的著名品牌。

航母起航

《三国策》有云：“兵贵神速，不可少停。”行军打仗时哪一方的军队速度快，哪一方就能先发制人，赢得胜利。商场如战场，企业要想求发展，就必须要有洞察先机、未雨绸缪的能力。改革开放以来，中国经济发生大规模增长，成长型企业占据经济总量的主流，但由于该类企业普遍拥有发展历史较短，业务增长速度较快等特点，其经营策略与业务管理模式相对稳定型企业而言具有更强的灵活性，且其更加渴求能够快速适应业务灵活变化的信息化管理工具。“快速配置、快速实施、快速应用和快速见效”成为他们选择 ERP 的重要标准，也成为 ERP 厂商竞争优势的集中体现。而这四个“快速”落实的关键——中间件，作为应用与技术之间的桥梁，成为软件产业链条上不可或缺的一环。

在管理软件行业，进行技术创新其实要冒极大的风险。金蝶一直以来靠技术创新占据管理软件制高点的思路，显示出徐少春领导的金蝶不仅具有技术创新的勇气和能力，更具有敏锐的市场洞察力。2000 年，金蝶发布了系统级中间件 ApusicJ2EE 应用服务器，成为民族软件问鼎核心技术的典范，金蝶抓住机会成为拥有系统软件技术的软件厂商。徐少春表示：“软件业在中国的发展超过 10 年了，我们不断做业务，但我们的营业额还不如 BEA 的几分之一。中国软件企业为什么长不大？因为我们一直替国外厂商打工，我们一直在他们的平台上，用他们开发的工具打造民族软件，我们不再为国外打工了，要和中国企业合作，这样再坚持 5 年，中国软件业可能就上去了，否则只能是走向末路。所以我们要共筑软件业的长城，要改写中国软件产业的历史。”并借此宣示打造中国软件航空母舰的金蝶国际即将正式起航。

2001 年，徐少春带领研发团队频频出国考察，学习国外大型管理软件的开发管理秘诀和最新的技术走向。此时，J2EE 和 NET 两个技术路线正打得难解难分，这对大型管理软件的技术决策带来了很大的风险。同时，用户在这两个平台之间也难以做出抉择。无论选择哪一个平台，都会失去一部分潜在用户。更重要的是，管理软件对平台的依赖容易使厂商受制于现有的平台供应商。摆脱对平台的依赖，逐渐构成了徐少春新的“革命思想”。金蝶 Apusic 作为金蝶拥有自主产权的技术平台，正是这一思想下的产物。一般的管理软件厂商不会轻易问津系统级平台技术，所以金蝶在中间件上的发展并没有其他厂商跟进，这样的一枝独秀，决定了金蝶新一代的大型管理软件将走上与竞争对手完全不同的道路。2004 年 6 月，金蝶加入 JCP 组织（JAVA 标准制定组织），参与国际技术标准制定，这是中国软件企业首次与 SUN、IBM、BEA 等世界顶级企业一起，共同参与国际技术标准的制定，标志着中国的中间件产品和技术在世界 Java 技术领域中占据了重要的一席之地，也为中国软件企业更大程度地参与国际竞争打开了一个全新的局面。“中国企业要真正面向世界，就不能停留在‘Made in China’的阶段，而是要达到‘Brand in China’和‘Created in China’，‘中国品牌’和‘中国创新’中体现出的原创力才是中国企业在国际市场上竞争力的源泉，中国企业要有自己的个性才能生存和发展。”徐少春这样说道。2004 年 10 月，北京天伦王朝饭店，在宽敞的“颐和”宴会厅的演讲台上，面对着他已经非常熟悉的国资委及下属集团的领导们，徐少春宣布，以“中间件 +ERP”模式打造易贷管理软件——金蝶 EAS4.0 集团版正式问世，这标志着作为金蝶的进攻性作战方队“中间件 +EAS”扬帆起航，更标志着我国管理软件的第三次技术革命的全面开启。

个性化 ERP

2002年起，ERP市场竞争非常激烈。从全球ERP市场来看，欧洲基本上是负增长，北美是略微增长，亚太地区则发生了快速的增长，其中，中国又是亚太地区增长最快的一个市场，也是全球增长最快的市场，国内ERP市场进入了“战国时代”，很多硬件厂商开始通过整合资源，希望用标准化的ERP产品大面积占领市场。其中，以中小企业颇受关注，由于政府对扶持中小企业发展的宏观措施和中小企业所需ERP产品普遍易于安装、后期维护成本低的特点，这些厂商在该市场的占有率相当可观。然而，由于国内本土企业的产品同质化非常严重，为了获得客户，大打“价格战”的局面造成整体利润下滑，中小企业市场利润微薄。

更大的危机在于管理软件开发的共性趋向与企业管理的个性需求之间的矛盾，传统ERP不适应变化、灵活性差和不满足企业实际情况的难题被毫不留情地抛到了大家面前，管理软件不能个性化地满足自己的需求，成为用户心中最大的痛。正因为如此，中国软件业到处弥漫着一股从未有过的“悲凉”气氛。一方面，软件提供商承受着用户对软件质量和效果的不断质疑；更重要的是，向来对未来充满憧憬、满怀信心的软件提供商们在越来越恶劣的生存压力下，也开始思考这样的问题：“软件还值得做吗？”人们开始寻找蓝海，探索基于“某一平台的解决方案”进行技术突围。此时，金蝶与微软合作“.net”平台的不可控缺陷逐渐在客户服务过程中暴露出来。

通过与国外华人的交流切磋，徐少春受到启发，开始着手投资金蝶 BOS（Business Operating System）系统的研发，在商业操作系统的平台搭建上发力。BOS 平台的主要作用在于加强应用的可靠性、可扩展性和可配置能力，以持续增强金蝶产品的核心能力。当时，由于平台本身并不赚钱，平台投资成为很多公司都不愿意做的一件事。而徐少春秉承“帮助顾客成功”，大力投资研发 BOS 平台，他希望打造一个开放、生态的系统平台，并通过合理运用这一平台实现产品持续优化。正是因为他以顾客为中心和富有前瞻性战略眼光，为之后金蝶在 ERP 普及化的漫天红海中，闯出一片自己的蓝海提供了极强的推动力。

迈克尔·波特的生产率前沿曲线（见下图）描绘了产业的现有边界，其中

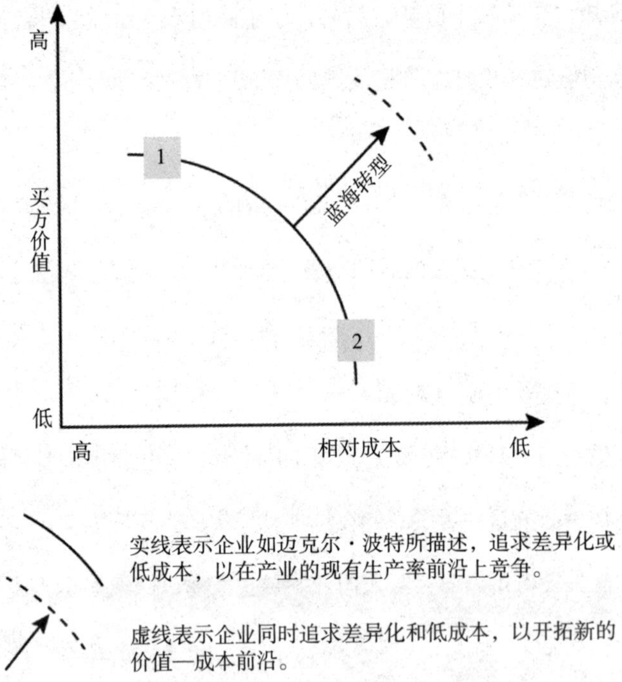

图　迈克尔·波特生产率前沿曲线

包含了产业的最佳实践。这条曲线验证了：买方价值与成本的变化是正相关的。一个组织若想在市场竞争战略中获得成功，就必须在价值和成本之间做出取舍：要么在价值上取胜，也就是所谓的差异化；要么以低成本领先，但二者不可能兼顾。

对此，《蓝海战略 2：蓝海转型》中则提出观点，“通过开启新的价值—成本前沿，大大超越现有产业的生产率前沿曲线，蓝海在这样的情景下得以开创，现有前沿曲线上的竞争于是变得无足轻重。”开创新的价值—成本前沿的企事业组织有着与众不同的思维方式，它们不仅只是关注现有市场竞争所需思考的问题，更能够提出完全不同的一系列问题，以帮助它们从新鲜的角度看待和理解机会与风险，这就使它们能够构想如何为顾客提供不同种类、不同程度的价值，而其他组织则无法看到这一点，或认为做不到、不搭界而轻易否定。

2005 年 9 月 13 日，Oracle（甲骨文）以 36 亿美元收购了 CRM 厂商 Sieble，管理软件市场的明争暗斗愈演愈烈。全球范围内的管理软件提供商正迅速整合，品牌迅速走向集中，竞争前所未有地加剧。也就是这一天，金蝶正式发布新一代 ERP 平台产品——BOS 业务操作系统，提出了“个性化 ERP”的概念。计划用新一代 ERP 平台解决“需求的个性化和软件的标准化”之间的矛盾。

基于金蝶的 BOS 平台，可以使 ERP（企业资源管理）、SCM(供应链管理)、CRM(客户关系管理)、KM(知识管理)、BI（商业智能）等不同的企业应用套件组成一个无缝连接的产品，同时，各部分又能“随时随地，不多不少”地进行分拆、组合，根据用户不同发展阶段的需求，提供既完整继承、又可以拆分组合的应用和服务。客户可以不懂 ERP，不懂技术，但只要熟悉自己的业务流程，就可以自己在BOS平台上DIY，实现自己的个性化ERP应用。这种方法对疲劳的ERP用户具有“强心针”作用，将有效地解决管理软件面临的三大世界难题，即集成、适应变化和效率，管理软件由此进入个性化时代。

“没有平台的ERP厂商，未来会灭亡，它就会变为一个服务商或者彻底消失。”中国工程院院士倪光南评价道：“ERP平台在技术架构和开发模式上实现了很大的跨越，以BOS平台再造ERP，将对中国应用软件市场格局产生重要影响，将会加速催生中国软件产业生态链。”

就在金蝶BOS发布不久后，金算盘发布VP平台，用友也向外界透露了其UAP计划。更多业界主流的管理软件开始向这样的平台架构迁移，思维加速、普元、科诺等独立平台提供商相继出现。对此，业内专家评价道：“业务基础软件平台这种技术革新本身是为了解决原来的管理软件在满足用户需求上遇到的困难，这本身是一种价值创新，但这次技术革新更大的价值还在于打造了管理软件产业的生态链，而未来基于生态链的管理软件产业就是一片更广阔的蓝海。”此后，金蝶BOS获得业务基础平台产品成熟度第一的荣誉。“个性化ERP”战略在竞争对手“ERP普及化”的攻势中，为金蝶发掘了一片蓝海，铺垫了一片的光明前景。

渠道为王·伙伴至上

徐少春格外关注渠道建设。创业初期，金蝶的模式是研发、销售、服务一条龙，使客户享受“一站式”待遇。2003年，徐少春提出“合作伙伴生态链”的计划，大力发展咨询、实施、服务、培训、技术等联盟伙伴，通过虚拟专业化项目团队来实现分布式项目管理运作，为客户提供全方位、全过程的集成化服务。实现从管理咨询到 IT 系统规划、系统平台建设、应用系统实施、客户化开发、售后服务与应用改进咨询等全过程的应用服务，从而将传统的实施与服务提升到一个全新的、更高级的层次。

与合作伙伴共生共赢的策略并不是金蝶的原创，德国 SAP 公司是最早的践行者。其一直奉行的“2/8 政策”为金蝶“伙伴至上”的战略提供了很好的借鉴。“2/8 政策”，是指将企业经营利润的 80% 留给合作伙伴。在 SAP 有一个著名的“蓝宝石”会议。每年，ERP 实施顾问安达信、普华永道；数据库生产商甲骨文，Informix；软件实施工具提供商 Intellicrop 和 IDSScheer；文档软件管理公司等 SAP 的合作伙伴都会参与其中。这些公司围绕 SAP 的软件形成一个生态链，相互协同与适度竞争，对 SAP 的软件销售形成强有力的杠杆撬动作用：SAP 拥有的合作伙伴越多，被说服购买其软件产品的用户也越多。

徐少春认真研究 SAP，希望转变合作伙伴在软件价值链中的职能，全方位发展联盟和合作伙伴，拷贝 SAP 的合作共赢模式，让出 80% 的价值空间给合作伙伴，帮助其成长。在此基础上，确定了“产品领先，伙伴至上”的发展战略。当时，中小企业管理软件市场价格战打得正酣，誓要冲出管理软件直销怪圈的徐少春，适时抛出“未来管理软件之争是分销之争”的独到见解，联合渠道伙伴重拳出击中小企业管理软件市场。

金蝶渠道建设最显著的特点在于它的开放性和成长性。开放性主要体现在渠道伙伴可以通过严格的认证获得不同层次的经营授权。伙伴在开放的渠道体系下，可以从最初的经销商向服务商进而向更高级别的增值商转变。这种模式并没有人为地对渠道进行高、中、低端的区隔，而是给渠道伙伴自由的增值发展空间。金蝶产品线从低到高，从起步到深入应用，KIS、K/3、EAS产品之间都能够平滑升级。金蝶的伙伴只要经过认证，可以做KIS产品，也可做K/3，甚至是高端的EAS。

成长性与开放的渠道策略相辅相成。与渠道伙伴交流时，徐少春发现，他们中的很多人都会困惑“在度过了温饱阶段之后，如何将公司做大”的问题。在一次内部会议上，徐少春明确表示，金蝶要全力帮助伙伴实现成长，并会将其与金蝶的分公司一视同仁。伙伴成功了，金蝶也就离成功不远了。例如，1998年成立的南通星网，创立之初只有寥寥数人，窝在一个居民楼里办公。通过和金蝶的合作，几年之间公司规模迅速壮大，发展成南通ERP市场的老大。起初，有客户怀疑南通星网的实施能力，到后来却喜欢上南通星网的服务。因为他们提供的是本地服务，十分便利，背后还倚靠着金蝶的技术支持，以至于很多客户都把南通星网看作金蝶的代表。类似这样的事例在金蝶的服务联盟中非常多。

金蝶非常重视对合作伙伴能力的培养及合作双方的长期合作。在客户服务和渠道支持上，金蝶提供基于客户全生命周期需求的产品规划；完善务实的伙伴能力提升计划；通过互联网、电子商务技术敏捷便利地支持应用；稳定合理、开放、升级的渠道布局框架；通过市场基金扶植、加盟奖励等一系列政策保障，实实在在地为伙伴创造价值。其“成长性、开放性”的主张，既保障了合作伙伴自身的成长性、又带给其创新技术的产品和主动、随需应变的能力以及丰厚的收益。徐少春表示，金蝶的核心思路在于以客户为中心、以服务为先导。无论未来的竞争形势如何变化，金蝶必坚定地大力打造伙伴生态链。

转型蜕变

企业发展从无到有，从 0 到 1，势必伴随技术到服务的全面创新，如此，企业才能在群狼环视的市场中占得一线生机。当市场趋于饱和时，企业必须进行转型或二次创业，这就要求企业需要拥有挑战自己的勇气，敢于打破常规，尝试新的模式和新的方向，进行新一轮的蜕变。

全程电子商务时代

2000 年互联网浪潮刚刚来临的时候，金蝶就成立了互联网事业部。还专门做了一个为财务人员提供会计信息的服务网站，试图以 SAP 的形式模式实现软件及服务的战略。那时候，百度也不过刚刚诞生，阿里巴巴才创立一年。后来，中国互联网遭遇泡沫危机，金蝶的互联网事业部也在 2002 年上半年夭折，网站以失败告终。时隔几年之后，国内网民数量达到 1.6 亿人，百度，阿里巴巴的上市改写了互联网企业在资本市场的融资纪录，加之高频次的国外商务活动与生活经历带来的直观感受，徐少春开始思考金蝶的电子商务之路。

2005 年，在确定涉足企业级电子商务之后，中国香港有一家会计在线网站进入了金蝶的视线，其在线会计业务让徐少春的眼前一亮——这在当时还是无人涉及的创新领域。很快，金蝶秘密收购该网站，并在之后的两年时间内，一边加强对网站的技术进行整合和升级换代，一边努力寻找并购对象和未来的运营模式。在这期间，徐少春从研究移动商务，到研究 SaaS（Software-as-a-service，软件即服务），再到后来研究电子商务，最终确定要将 SaaS 和电子商务与移动商务全部整合起来，形成全程电子商务。为此，金蝶组建了一个独立的移动互联技术公司，调集集团研发、规划、营销、市场各个环节当中一些资历、经验老到丰富的人才，进行了一年多的技术准备。而引入全球电子商务的领先者 IBM 与雷曼兄弟作为战略合作伙伴，则加速了金蝶这一次深刻蜕变的过程。

2007 年 11 月 28 日上午 9 点，在科技园南区的一层写字楼里，金蝶移动互联公司正在举行简朴而热烈的友商网上线仪式。员工们统一着装立于座位旁，徐少春带着管理层亲临现场，他用大喇叭对整个楼内的员工发表慷慨激昂的励志之言。半个小时的仪式一结束，所有员工立刻投入工作，客服中心的电话此起彼伏。友商网的成功上线全面吹响了金蝶进军全程电子商务市场的号角，向“做全球企业管理软件和电子商务的领导者”的目标迈出了坚实的第一步。

在友商网中，最引人瞩目的是在线管理服务，中小型企业或个人用户只需支付传统软件十分之一的租赁费用，即可获得在线财务管理、仓存管理和进销存管理服务，用户不再需要将软件产品安装在自己的电脑或服务器上，而可以将所有数据均托管储存在金融级安全的电信中央服务器里。这一举动，标志了一家传统的软件企业开始在网上卖服务，客户甚至可以在购买之前，就能目睹系统的全貌，并通过在线使用体验系统提供的所有功能。友商网在线开通初期时，邀请一万家企业或者个人免费试用一个月的营销策略，成功为其吸引了第一批付费用户。

除此以外，友商网还有供求信息和会员社区两个模块，通过 SaaS 模式建立起客户之间多对多的联系，用户可以在同一平台上实现管理与业务的有效融合，并进行 B2B 的交易及各种信息的交流，将管理和生意融合，同步解决账目管理、供应链的客户供求信息、商品交易、在线交流互动等一系列问题。

事实上，金蝶电子商务的推出，是公司所有业务变革、发展新业务当中准备时间最长的，也是最谨慎的。为此，金蝶的企业愿景甚至企业文化都做了巨大调整。在金蝶人眼里，徐少春唯一的不变就是“变”，这一次他更是高调地宣布：“金蝶要改变互联网的格局，成为一种改变的决定性力量。”

徐少春说：“我们能对企业内部管理进行流程化的信息化管理，这就是我们跟其他电子商务的不同之处。金蝶的全程电子商务：一是服务的全面，二是一站式。全程电子商务是一件很难的事情，一旦做成将是决定性的、革命性的、影响深远的。金蝶就是要做最难的事情。”

2010 年注定是不平凡的一年。中国航天嫦娥 2 号卫星发射成功，吉利汽车收购瑞典沃尔沃，格力电器成为世界名牌，中国 IT 产业走向世界……这一年，金蝶软件在中小企业应用软件市场中，占有率再占鳌头，创下七连冠！股价一路上涨，业绩再创历史新高，营业额增长高达 44.1%，远高于 20% 的行业平均水平，主营利润增长 63.8%。旗下管理软件与服务业务、中间件业务、友商网业务等收入均实现高速增长。2011 年 4 月，金蝶将旗下友商网与 KIS 业务整合。友商网通过互联网为小企业提供服务，KIS 则是金蝶面向小企业的产品部门。这次整合亦是徐少春在互联网领域寻求突破的一大尝试。

在金蝶战略发展的新架构中，ERP 是传统业务，中间件是技术支撑，电子商务则被看作是金蝶的未来。在中国市场上，如果说，财务管理软件是一个 10 亿元规模的市场，ERP是100亿元规模的市场，电子商务则是千亿元的市场。若单纯在管理软件市场上按常规发展，金蝶始终没有超越竞争对手的机会，但互联网提供了一个弯道超车机会，为其未来提供了充分的想象空间。从单纯财务软件到管理软件，再到2007年后的电子商务服务商，金蝶从起步到高速成长，变得愈加成熟。

逆势扩张下的危局

2010年，国内的管理软件厂商开始考虑通过细分市场的手段谋求进一步的发展，但由于门槛不高，整个市场呈现出小、散、滥的特征。相较SAP、甲骨文等跨国公司的年营业额，即便是国内的龙头企业“金蝶”与“用友”与之相比也相差甚远。国内客户对信息化的需求越来越专业化，为了赢得长期合作，管理软件厂商必须提供越来越全面的解决方案来“套牢”客户，对于一个自身并无优势的领域，金蝶认为并购是最快的办法，希望通过并购弥补业务短板。自2005年香港主板上市至2010年，金蝶完成超过八项并购，总耗资超过1亿元。然而，金蝶探索发展SaaS的过程并不顺畅，这样的局面间接加重了金蝶的资金压力。SaaS模式是持续付费的产品，这种模式本身就要求这类服务企业必须随时进化自己的产品来保障客户能够持续付费。创新与客户诉求是无时无刻的，由于受到产品开发制度不完善的限制，金蝶这一时期的产品创新及竞争力并不强。产品的开发从客户提出需求，中间还有销售部门、售前部门、产品设计部门、产品研发部门等层层拦阻，造成最终产品研发部门推出的产品滞后性严重，也很难符合客户需求，导致金蝶错失了原本该属于他们的市场与发展空间。

一边是激烈的并购行为，另一边是来自用户的投诉，金蝶被媒体推到了舆论的风口浪尖上。当时有业内人士评论道："并购是一把双刃剑，中国企业玩不转，没有刺痛别人，反而伤害了自己。中国本土软件企业更是如此。金蝶在并购这条路上，已经犯下了急于求成和盲目乐观的错误，而且越陷越深，从根本上，它违背了'软件就是服务、服务就是态度'的原则，从而让许多用户对金蝶行为产生怀疑，金蝶并没有把'技术、产品和服务'放在第一位，而是一味地玩资本魔术，在产业面前疯狂作秀。在疯狂的扩张中，金蝶已经渐渐忽略了对用户的承诺，让用户失去信心，惋惜之余让人心痛。"

同样质疑否定的声音还有很多，但金蝶并购的脚步却没有因为业界的争议而停下来，甚至变得越来越疯狂。2010 年 1 月，金蝶宣布斥资 2000 万元收购 PLM(产品生命周期管理)行业软件公司广州普维和国内房地产行业专业软件厂商深圳市嘉码信息系统有限公司。徐少春表示将进一步加大行业并购与整合力度，走行业化道路，金蝶要在"几乎所有行业"展开拓展。并扬言要改变管理软件年增长 20% 的不温不火的局面，实现 2010 年收入增幅 40% 左右的目标。事实上，在此之前金蝶并购企业的规模营收大多不过千万元，利润仅为数百万元，并不能给金蝶的业绩带来实质性的改变。在徐少春看来，随着客户信息化目标越来越明确，管理软件专业化的时代已经来临，并购各行业软件产品提供商，能提高金蝶专业化服务的能力。

正当金蝶对并购之事乐此不疲时，来自后方的用户大本营却发生了混乱。北京永泰、温州新丁香、宁波天邦、成都全友家私等用户纷纷投诉金蝶并表示离去。当初他们怀揣着对信息化，对 ERP 的美好愿望选择了金蝶 EAS。但在大张旗鼓上马项目后，他们却发现事实远非当初预想的那样，天花乱坠的销售承诺和不尽如人意的实施形成鲜明对比。于是他们只好赔时间、赔精力或另作他选或将项目拆分给其他供应商。

美国危机管理专家斯蒂夫·芬科说，“越来越多的顾客抱怨，可能就是危机的前兆。”金蝶向服务战略转型的调子拔得太高，步子迈得太快，忽略了市场发展的自由规律和节奏，也给企业自身发展和内部管理造成了许多难题。实际上，企业学会止步，是十分有意义的。善于止步能让企业最早地发现错误、减少损失、收拢拳头、以退为进。企业的生存和发展要有所不为才能有所为。2012 年，金蝶调转船头，将重心重新回到夯实底层技术和产品之上，危局逐渐得到化解。

向服务战略转型

随着公司业务规模进一步发展，徐少春一直在寻求有价值的战略投资者入股金蝶。2006 年，临近中秋，徐少春在拜访 IBM 大中华区董事长周炜的时候，遇到了刚成立的 IBM—雷曼“中国投资基金”董事合伙人吴宝淳。聊天中，徐少春察觉到 IBM 对中国服务业的重视以及 IBM 进行新尝试的意愿。他立即意识到，金蝶一直努力要找到的机会正在眼前。随后，徐少春明确地向 IBM 表达出强烈的合作信号，并最终促成了 IBM—雷曼中国投资基金在中国的第一笔投资。

在徐少春眼中，IBM 一直是金蝶倾心仰慕的榜样，“IBM 可以帮助我们进一步有效地国际化，更重要的是，我们可以一起迎接软件业下一轮革命浪潮。比如 SaaS。”徐少春兴奋地说。作为 IBM 的新伙伴，金蝶希望能够借助强势伙伴的力量，打响下一轮战役的第一枪。

2008年，一场金融风暴席卷着中国企业，沿海许多企业倒闭或者大幅缩减开支，那时候在二、三线市场，ERP厂商间的价格战正呈现越演越烈的态势。传统ERP市场的利润率下滑严重，局势一度急转直下。敏感的徐少春感到公司和行业已然进入发展瓶颈，对金蝶转型的思考也越发清晰——不能只做一家软件公司。

此前，金蝶的合作伙伴IBM曾在1992年遭受了高达49.7亿美元的损失。这个站在悬崖边上的蓝色巨人在郭士纳的领导下进行了业务转型，历经10年时间，从一家硬件商成功转变为软件、咨询与服务提供商，使之在服务领域的营收额一度位居业界第一。

在这个故事的启发之下，徐少春开始积极布局金蝶的新一轮转型——从产品型公司向管理与IT整合解决方案服务商的转型，并打出“金蝶——企业管理专家”的口号。如果说IBM的转型是逼上梁山的被动转型，那么此次金蝶的转型则被看作是一场主动出击，其目的就是为了赢。徐少春认为提升咨询服务业务的盈利能力，将是金蝶保持业绩增速的关键。“软件销售业务的比重会逐步下降，咨询服务业务的比重将逐步提高。服务也不再是营销手段，而是上升为金蝶的战略重点。”相比上一次从财务软件向EPR管理软件的转型，这次的战略格局变得更具挑战性。为了应对转型，金蝶的三四十号管理层被弄到一个会议室里开战略会议，一年间总共开了五次会，每次会议持续两天。高管层反复就公司的战略定位、所处软件行业的特质、客户需求、产品和市场的关系、竞争的态势等进行剖析，甚至连服务到底是什么的基础问题，也要搞得清清楚楚。徐少春本人认为：“这次转型是迄今为止最大的，且将影响公司未来5~10年的发展。”

同样在这一年，金蝶与企业家、学者、咨询机构、政府组织、社团组织、媒体等六股社会力量一起，共同对“中国管理模式”进行探索。先后开展了“世界管理探索之旅”“探索中国管理模式”“中国杰出管理模式遴选”等众多活动，组建开放平台，梳理优秀中国企业管理模式，并将优秀的管理思想与案例通过软件、咨询等途径传递给客户。这些活动一方面拉近了与客户的距离，促进了产品销售；同时也反映了金蝶正在由产品型公司向服务型公司转变。

有业内人士认为，虽然从短期来看，一个研究并不能为客户提供解决方案，也未必能让客户买单；但从长远来说，金蝶是在寻找中国企业成功的普遍规律，同时培养员工的洞察力，而这正是推动金蝶持续“转型、整合和增长”的关键能力。在管理软件成熟的产业状态下，与其他管理软件厂商相比，金蝶站到了另一个高度，这对其之后的进一步升级是极其有利的。

“如果一时不能成巨人，不妨先借巨人的肩膀站片刻。”2010年，金蝶和IBM咨询服务事业部宣布，将携手组建联合交付团队，为中国企业提供管理咨询服务。事实上，早在之前双方签订的一系列战略合作框架中，就已经包括了咨询项目合作这一内容，目的是将咨询变成一个单独收费的盈利部门。金蝶更是已经成立了自己的咨询服务事业部。合作中，金蝶以其卓越的技术、本地化产品和成熟的实施服务，结合IBM全球领先的人才、方案和行业管理咨询优势，成功对多个行业领域数十家大中型客户提供国际一流的企业应用实施方案，为中国企业的转型升级提供了智慧和动力。整合交付团队从北、上、广、深等一线城市快速扩张覆盖至二三线城市；行业合作也从建筑施工与房地产、HR、国资委、医疗设备等行业拓展至现代农业、医药制造和流通、环保、家具建材等多个领域，并表现出较高的客户满意度。IBM 服务团队的引进，进一步帮助金蝶向高端市场突围。

这一年，是中国经济加速转型之年。金蝶业绩再创历史新高，营业额增长高达 44.1%，远高于 20% 多的行业平均水平，主营利润增长 63.8%。旗下管理软件与服务业务、友商网业务、中间件业务等收入均实现高速增长。“管理咨询 + 解决方案 + 管理软件”的服务转型战略模式已经初见成效。

然而，在企业管理咨询服务市场上，金蝶的管理方法、理论、经典管理案例的积累，尚难应付中国市场挑剔的企业需求。与整个 IT 咨询市场相比较，金蝶服务的增长只占了很小一部分。面对这些成绩与差距，徐少春时刻保持着危机感，他引用稻盛和夫的一句话自勉：人生不是一场盛宴，而是一场修行。“势者，因利而制权也。”在中国企业转型、云计算风起云涌的时代，金蝶选择了从管理软件厂商向管理与 IT 整合解决方案供应商转型，将传统软件业务与咨询业务进行全面整合。作为中国管理软件产商转型与升级的领跑者，金蝶与中国企业一起迈入中国经济的下一个黄金时代。

云端突围

正当绝大多数人对金蝶的认知还只是一家做 ERP 的公司，与互联网没有关系的时候，金蝶早已开始默默向互联网转型。从 2007 年 5 月成立了友商网，到 2008 年 5 月发布了云计划，2010 年 7 月建立了云开发平台之后，金蝶开始进一步规划自己的云端之路。北京大学国家发展研究院 BiMBA 商学院院长陈春花教授评价道："金蝶在迈向云端的步伐中走得很靠前。移动互联网、物联网、人工智能、工业 4.0 时代的到来，打破了原本的行业边界，各行各业都在被重新定义。"

海盗精神探索云端

从 2010 年开始，国内掀起一股巨大的"云"潮，软件企业纷纷转型布局云战略。"云"的出现不仅带来了一种新技术，更加速了国内软件企业的内部变革。在云计算的大环境下，徐少春重新布局，将金蝶业务分为两大板块：一是传统的 ERP 业务，二是云管理业务。所谓云管理，就是将以云计算为代表的信息技术，应用到企业的管理实践当中，形成一种新的管理模式。2014 年，徐少春提出砸掉客户的服务器，宣誓金蝶将放下过去赖以存活的服务器，自我革命，坚定相信"云"才是企业的未来。事实上，影响力和自信心的建立过程却并非那么容易。表面上坚定信心一砸到底的行为看似轻松，殊不知徐少春却也经历了很多心理的纠结。这段心路尤其体现在自 2011 年起直到 2014 年"砸"这三年中痛苦的云端探索期。

受到董事会主席徐少春的诚挚邀请，原 IBM 服务计算学部首任主任张良杰于 2010 年加入金蝶。此前张良杰在 IBM 的主要工作就是把云计算基础设施运用在客户交付的咨询项目上。入职后，张良杰频繁向徐少春灌输"云计算将成为未来主流"这一概念。那时候，金蝶 ERP 业务已经实现很好的收益，友商网也在快速发展中，如果将左手比作金蝶的传统套装软件 ERP，右手比作云服务，这无异于一场左右手互搏。加之云服务以抢占市场规模和抢占更多的用户数，不以营利为目的的特性，在当时市场上，绝大多数企业都还没有进入云市场的打算。2011年的中国电子商务发展论坛上，徐少春正式宣布，未来金蝶要打造"中国管理云"。"我们希望每个商务工作者、每个管理者、每名员工，无论在什么地方，在中国还是在海外，在全球各地出差的时候，都能够得到中国管理云的服务。"徐少春描绘道，金蝶要利用云计算，来颠覆传统的管理模式。将中国最佳的管理实践放在云端，把它们变成一个个小产品，让客户就像在超市里选购商品一样，可以根据自己的需求自主搭配。徐少春认为，中国的移动互联网市场发展很快，从根本意义上来讲移动互联网服务市场也是云计算服务，未来十年将是中国云计算服务市场的黄金十年。

然而，新技术的探索与落地在企业执行过程中极其不易。那时徐少春虽做了相关报告，却还是觉得发虚。因为当时就连他自己都不完全理解其中的内容，心里并不自信。这一年，国家发改委会同工信部、财政部联合下发通知，专门对国内相关单位的云计算应用示范工程划拨15亿元专项资金进行重点支持。金蝶凭借"中小企业管理云应用研发与产业化"项目获得首批专项支持，成为管理软件领域唯一一家直接获得支持的企业，接受国家云计算应用示范工程专项基金七千万元。中国政府资金的引导进一步坚定了徐少春朝企业管理"云"方向迈进的决心。而中国管理云作为金蝶战略转型的重要布局，成为继创新中国管理模式、着力打造中国管理智库之后，金蝶服务转型战略又一个里程碑。"任何异常变革都会有阻力，最大的阻力是思维模式。我的办法是，做出一个样板、拿出一个产品。对云管理的信心来自亲自尝试和体验。"徐少春继而说道："云管理将成为金蝶的下一个金矿。"经过两年辛苦耕耘，金蝶在"ERP+云管理"转型上初见成效。

在徐少春看来，越来越多的企业通过电子商务进行经营，以此来获得企业本身的竞争优势，企业信息化上云端成为水到渠成的事情。2014 年，金蝶中期业绩报告显示，云服务业务获得同比 125% 的高速增长，约占集团总收入的 5.4%。这一年的五四青年节，徐少春化身“热血青年”，当众砸掉自己的电脑，宣布移动互联时代的到来，凭着一部手机开创新的移动办公模式。他说，人们在期待没有纸笔、没有 PC 和网线，但始终连接在一起的空间里工作。这里没有拖延、没有推诿、没有低效。同年 8 月 8 日，徐少春又化身“海盗船长”和客户一起，砸掉服务器，采用云端的数据库替代传统服务器，正式成立“ERP 云服务事业部”。徐少春说，“在经济不确定性增加的情况下，企业更需要用云管理来应对挑战。表面上我们砸掉的是服务器，实质上砸掉的是旧思维，砸掉的是恐惧变化的心理，我们要以海盗精神，颠覆 ERP 行业，和中国企业一道，共同实现移动互联网转型，为中国经济发展贡献智慧和力量。”2015 年的五四青年节，金蝶财务共享在深圳总部召开“五四青年移动互联网大会”，以室内划船大赛的形式，上演了一场互联网创新创业的“速度与激情”，会上，徐少春宣布成立四家移动互联网公司。分别是专注于移动办公云服务的云之家公司、财务云服务的友商网公司、数据金融服务的金蝶互联网金融公司和快递云服务的快递 100 公司。徐少春现场表示，希望四家互联网公司，能从室内划船机练习到正式赛道中赛艇，在市场的大海中搏击风浪，成长奋斗。

金蝶云转型的成功离不开掌舵人徐少春的强力推动。当移动互联网技术扑面而来之时，众多新兴互联网公司不断从 B2C 到 B2B 的领域跨界渗透，金蝶的高层领导们还处在防守或是进攻的挣扎、处在过往荣誉与自我颠覆的纠结中，直到徐少春砸破的那一刻，他们才正式放下心中的犹豫不定，团结一致，心无旁骛地向云端转型。对于徐少春，张良杰更是毫不掩饰地表达出对他的敬佩与欣赏："徐少春具有很敏锐的市场洞察力，他知道哪个时间点上，这个技术可以创造出价值。从探索到正式确定云计算成为金蝶的战略方向，整个决策过程也是一次次平衡的过程。而他一旦认定这时间点已经来临的时候，他会立刻将自己的战略意图传递给所有的执行者。"

颠覆传统办公模式

在中国经济加速转型的关口，金蝶承载云计算时代使命的中国管理云计划整合全线云计算产品备受业界瞩目。2012 年金蝶最大的云端布局，是在企业内部社交网络中发力。对比国际厂商动向可以发现，传统软件业"云化"和"社交化"成为流行趋势并非偶然。2010 年起 SAP、IBM 先后在企业社交网络服务方向进行收购。2012 年，甲骨文发起 3 项关于云社交的收购；同年 6 月，微软斥资 12 亿美元将企业社交网络 Yammer 收入囊中。金蝶将云之家、智慧记和云平台整合成立了企业互联网事业群，不到半年，"云化"和"社交化"的产品与传统 ERP 呈现出相互刺激的销售局势。"云之家"一举成为中国最大的企业社交网络平台，日均 PV 值超过国内同类产品总和。最初提出云之家概念时，徐少春说"一个企业有了凝聚力，像家庭一般，有亲人，有为企业风险和创新的共同情感，'家'一字代表了金蝶的寄托，代表创新的新出发点。"而云之家移动、社交、云端、开放、即时体验等特性，使企业、员工、伙伴和客户之间仅仅通过一部手机连接在一起。它既是一个流动的工作空间，也是一个充满想象力的创新平台。

2015年年底，云之家用户数突破1000万个，企业数则突破100万家。在产品层面，云之家不仅提供核心的通讯录和IM功能，而且通过开放平台与企业的ERP系统进行连接，成功实现了与企业的财务、供应链、生产制造、客户关系管理等的融合，典型案例包括万科、海尔等；在业务层面，云之家与金山软件、滴滴出行等展开合作，通过产品、技术能力与资源、行业经验的融合，共同构建企业互联网服务生态。徐少春说：“‘云之家’是集团当下最重要的品牌战略，必须将其作为整个集团、所有产品的一个移动工作平台，跟大数据云平台一起，支撑金蝶的ERP+和云及大数据业务。”这一年，沉寂数年后的企业级市场突然进入了一个爆发期，“下一个万亿市场”让许多人感到眼红，市场上迅速涌现出一大批面向企业服务的移动应用。其中，以腾讯推出的微信企业号及阿里推出的钉钉最为引人关注，有网友将这种现状比喻成“互联网世界的‘野蛮人’把目光投向规整而森严的企业级市场，并开始向金蝶这样的‘原住民’发起了进攻”。对此，徐少春的态度是坚守本心。2016年年初在金蝶年会上，一番激情演讲后，徐少春邀请七大业务部门的负责人上台与他共同举行隆重仪式,每人授予一柄“雷神之锤”，将一块带着许多钉子的冰块共同砸碎。这一行为艺术代表了金蝶希望击碎被“钉”住的管理方法，砸碎一个传统的管理世界。徐少春坚定地相信，只要坚持专业与开放之道，云之家成为移动工作平台的第一品牌将是板上钉钉的事情。“现在外面市场，有很多巨头进入我们的行业。我从来不害怕，我们能够把自己的事情做好，把产品做好，把用户体验做好，为客户创造更多的价值，我们就能立于不败之地。”这一年的五四青年节，徐少春颠覆传统办公模式，砸掉办公隔断，呼吁大家抛弃传统的工作工具和工作方式，共同加入移动互联网时代的工作方式中来。“回头看看二百多年来办公室这个概念的发现史，就会发现如今格子间 +Pc 的标准配置已经跟二百多年前的办公室完全不是一种物体了。这就是企业云办公模式的进化。”在徐少春看来，固定办公是企业经营发展的痛点之一，现在的企业办公虽看起来高效，实际上却暗藏了租金贵、阻交通、不环保、距离远、禁锢多、内耗多、不平等等“几宗大罪”。在快速互联网化的未来，越来越多传统企业面临着与互联网企业进行效率竞争的困局，进退维谷。企业必须适应互联网的高速节奏。束缚员工就是束缚效率，而低效率往往是致命的。“企业未来不需要办公室，云之家的云办公模式，可以通过云计算技术，实现员工在任何时间、任何地点办公。同时把企业进行以人为单位的细胞拆分，随时进行重组合作。从个体到团体进行效率的激发、提高员工舒适度、降低企业办公成本，移动办公的未来优势可想而知。”徐少春继而设想云之家实现下的几种未来办公模式：移动办公、社交办公、共享办公、弹性办公、娱乐办公、运动办公、机器人办公等创新办公模式。并表示移动办公不仅是一个新的工具或技术，更是一种新的思维模式，业务模式甚至商业模式。“我们希望通过云之家移动办公平台，来解放所有的企业，帮助他们从传统的工作方式中解放出来。”

尽管外部市场经济形势下行，但是金蝶却在实现增长。深圳云之家网络有限公司总经理宋立超表示：“2016 年以来，云之家发展明显加速，无论是 V10 新版、生态圈、专有云等新产品的发布，还是连接 ERP、生态共创等具体行动，都始终坚持以用户为中心，全心全意满足并引领用户的需求，用心打造伟大的产品。今天，云之家启动《生态共创计划》，秉持‘用户就是设计师’的理念，邀请用户深度参与，共同缔造‘客户价值高、生态融合强、用户体验好’的移动工作平台，成就数万生态系奋斗者，改变亿万人的工作方式。”行业的春天已经来临，金蝶新的成长已经开始。经济越不好，企业经营越困难，就越需要改变传统经营模式、提高管理水平。改变传统工作模式，进一步释放人们的创造力，这正是云之家的价值所在。

共创财务管理新世界

“软件是金蝶的过去，云才是金蝶的未来”。自2012年转型经过了一番调整和阵痛以后，金蝶终于走出低谷，完成了一个阶段性的转型，实现了历史最高的增长速度。“我们只有一个方向，那就是要把金蝶云发展起来。金蝶的云第一位就是云ERP，而整个方向就是大力往云的方向拓展，打造一个坚实的金蝶云平台。”徐少春说。

2017年5月4日，徐少春在五四运动的发源地——北京大学，再一次挥起雷神之锤，砸碎了代表身份的老板椅，砸碎了他率领金蝶为之奋斗二十余年的ERP，慷慨激昂地宣告“金蝶云ERP”产品正式升级为“金蝶云”。徐少春认为，过去企业在信息化方面主要追求管理系统的敏捷性，而这势必造成程序的修改和增加，导致ERP越来越复杂，敏捷性反而越来越差，因此将降低管理系统的复杂度，实现管理系统和应用的碎片化、动态化、定制化将成为未来的主流趋势。金蝶云，不是单单的云计算技术的运用，而是以云计算技术为基础，融合了大数据、AI、IOT（物联网）等新兴技术，以“我为人人、人人为我”的设计理念，彻底颠覆传统的企业管理软件，其作用在于帮助中国企业建立强大的企业大数据，快速推进数字化转型。

事实上，徐少春在北大砸了ERP后不到半年，金蝶云服务已经在市场占有率上超越一众国际竞争对手。这也体现出市场对金蝶的充分肯定。自创立始，金蝶帮助超过1200万名财务人员甩掉了算盘，成功解放双手。时至今日，新技术为企业发展提供了无限可能，徐少春表示，金蝶将再次解放和赋能财务工作者。2017年11月，在‘致良知’雁栖湖论坛上，徐少春发出了“让天下没有假账”的倡议，当场获得4000名与会者的强烈共鸣。2018年五四青年节，一堵代表着财务业务间的旧围墙轰然倒塌，徐少春携手公司高管、用户和一众业内专家共同开启云上的“财务管理新世界”。

随着各行各业价值链重构的步伐越来越快，企业的核心竞争力也在悄然发生改变，数字化技术引领财务管理变革势不可挡。在徐少春看来，业务和财务是一体两面，缺一不可。财务管理世界的本质，是会计。会计的本质，就是还原一个真实的世界。财务管理需要有会计的记录、计量和反映来披露这个世界，特别是真实地披露，否则它将成为无本之源。在旧的财务管理世界里，财务和业务之间一直有堵无形的“围墙”，导致视角局限、计量不准确、披露滞后等问题频发。会计人员终日感觉工作机械重复、账目难平、价值感低、存在感弱；效率如何提高、数据如何变成资产、信息如何实时、风险如何预判、团队成员如何更好地成长？种种问题让财务管理者一度感到头疼。“无人会计，人人财务”是金蝶云财务管理新世界的核心理念。

在财务管理新世界，财务的终极目标就是要赋能并成就企业中的每一个人。当下80%重复性、基础性会计工作最终将被人工智能替代，实现“无人会计”，但财务不会消亡，重要性反而更加凸显，60%～70%的核算会计将成长为业务财务。

财务与业务的围墙被打破后，在“人人财务”的新理念下，金蝶财务云通过A（人工智能）B（区块链）C（云计算）D（大数据）的新技术，让数据更加立体多维，创新交互体验，驱动财务变革，让人人都能拥有自己的流程信息、业务信息和财务信息，实现员工自我驱动，协助风险预判，让数据服务于人人，让人人成为自己的CEO。“技术的发展推动财务管理的进化，我们一直在思考如何通过财务，成就人人。过去，我们喊‘账海无边，金蝶是岸’，目的是赋能财务人员，解放财务人员。当我们载着财务人员的大船接近胜利彼岸的时候，云计算来了，恰如‘行到水穷处，坐看云起时’。未来，‘云海无边，金蝶是岸’，金蝶云将成就每一个财务人员、更成就企业中的每一个人。一个属于每一个人的财务管理新世界、价值新世界已经来临了。”

如今，“金蝶云”已成为中国企业云服务市场的领头羊，是亚马逊在中国最大的企业级服务伙伴，华为、腾讯、阿里巴巴、金山云也先后成为其战略合作伙伴……金蝶正攻入一个无人区，前方暗潮汹涌，但正如徐少春所说：“心怀良知，要想改变世界，必先变革自己！”

第四章

器成之·以气养器

人人自有定盘针，万化根源总在心。却笑从前颠倒见，枝枝叶叶外边寻。

——王阳明

纵观金蝶 27 年来的三次重大转型：从财务管理软件向 ERP 转型；从 ERP 向服务型公司转型；从服务型公司向“云管理”公司转型。每一次都伴随着企业核心价值观的演进，从最初的“敢想、敢干、敢当”到今天的“致良知、走正道、行王道”，从这个层面上来看，可以说金蝶的变革之路就是中国管理模式实践于中国企业的“拨云见日”之路。对此，徐少春谈道：“过去的几十年里，我一直有个模糊的想法，要真诚和服务，后来通过对中国传统管理哲学的学习，我终于发现，这就是‘道’，企业的经营要遵循‘道’的逻辑，而‘致良知’的实践就是让我们的企业找到‘道’，回归‘道’”。作为“致良知”思想的学习者和传承者，徐少春对于“致良知”的实践，循天理而动，融通内外之气，以“利他”为中心思想造就“利己”的反哺，生生不息、自成循环，助力企业变革目标的实现，金蝶积厚而器成。这些智慧的结晶无论对于个人发展，还是对于企业经营，都能够产生巨大的启发。

养内心之“气”

明代著名思想家、教育家王阳明认为：“良知之在人心，无间于贤愚，天下古今之所同也。”良知存在于心中，是人生而拥有的，不分古今，不分东西，不分圣愚，不分童叟。对《大学》的重新解读与阐释，是王阳明创构心学的基础。在义理上，王阳明对《大学》中“格物致知”概念的理解有一个发展的过程，早期以“诚意”为本，后期将“致知”作为宗旨。而关于“知”，王阳明认为就是孟子所讲的“良知”。孟子提出：“不虑而知，良知也。”意思是，人还没经过思考和考虑，就本源地知道的东西，称为“良知”，它是一种与生俱来的理性自觉，自然而然又理所当然，没有被个体后天的经验意识掺杂和污染，十分纯粹。“致良知”就是教人在心性修炼上，去除外物干扰，复位到天然的本性之中去。

作为良知的载体，“心”是一切力量的源泉，心修到位了，就能生发出强大的力量。《大学》中有这样的表述：“修身、齐家、治国、平天下”。推及当今商业社会，可以得到这样的理解：企业家要想攀登上高峰，应当先通过格物致知的办法实现诚意与正心。古语有云：“人以天地之气生，修身必先养‘心’”，消散个人的烦恼和让人行事偏颇的情绪，生发出个人内心的“气”，是实现“修身”的最佳途径；此后通过个人的人格魅力和能力，从身边的人开始影响，将这股“正气”扩散开来，将员工视为家人，实现“我为人人、人人为我”的企业团队建设；再逐步影响伙伴、客户等利益相关方，构建起企业命运共同体和企业“心”生态，最终上升至整个商业社会，助力新商业格局形成。

立光明之志

《大学》一篇开宗明义："大学之道，在明明德，在亲民，在止于至善"。其意在于：要想成就大的学问，宗旨有三。首先，明白光明的品德，立光明之志。五阴烦恼在于色（物质）、受（感觉）、想（思维、妄想）、行（时间）、识（分别），"明明德"就能够分辨眼前的虚妄，明白这些烦恼背后的真实所在，使烦恼消散，拂去心上的尘埃，即为修身。德者得也，一曰外界物质得利；二曰内心所得，明德修到了一定境界就会有光明产生，等到了这样的境界，追求快乐和幸福就不再需要外物。其次，做到了"明明德"之后就要亲民，帮助他人立下光明的志向，实现"明明德"。最后，扩散开来，使得整体中的每一个个体都立下光明的志向，实现"明明德"，达到整体长期稳定的幸福快乐，这就可以称为"至善"，因为"可遇为之善"，而"善"值得长期追求。放在商业场景下解读，就是通过推动每个人立光明之志，将浩荡的内心之"气"氤氲开来，推动"新商业格局"实现，使得整个商业社会达到长期稳定的幸福快乐。

王阳明说，"光不仅在烛上"。真正的光明，只存在于心中。蜡烛能发光，光却不仅在蜡烛上，还可以在太阳上、月亮上、火把上。如果心中有光，那么光便无处不在，因为你的心已经是太阳，正大光明，普照万物；相反，如果一个人眼中看到的全是阴暗，那么其实不是这个世界出了什么问题，而是他的心里没有光。此生光明，亦复何求。"立光明之志"强调对心的修炼，是金蝶实践"致良知"

首要的用功点。在2016年7月的中期会议上，徐少春带领金蝶的200多名干部一起立下光明之志：“敢愿让中国管理模式在全球崛起，愿为实现一个强大生态系的金蝶梦，为实现中华民族伟大复兴的中国梦奋斗终生！”

激发心之力

新常态下，中国经济下行压力明显，在央行数次降息降准，发改委新批数万亿基建项目规模的情况下，投资仍然萎靡。产能过剩、楼市库存和债务高企成为目前国家经济面临的三大严重问题。在此背景下，国务院围绕2015年中央经济工作会议精神，简政放权，探索设立自由贸易区，促进互联网+发展；出台《中国制造2025》，以“供给侧改革”作为创新驱动发展战略的突破口，实施“大众创业，万众创新”等措施，促进新旧动能转换，拉动经济发展。

表面来看，“供给侧改革”的力量来源于劳动力、资本、创新、政府……但从向更深处挖掘，“供给侧改革”真正的力量之源应当是企业家的心，徐少春说：“激发企业家心之力，是最大的供给侧改革。”这里的“心”不是物化的器官，而是光明、至善的“本心”，受到各种“欲望”的蒙蔽，“本心”容易失去光明。王阳明训“格”为正，训“物”为事，把“格物”变成“格心之不正”，强调去一份人欲就存一份天理，“格物致知”才能求到“本心”。每个人心中那个清澈的良知就是“道”，就是天理。是非的判断、真伪的判断都来源于个人的良知。如果心清澈了，良知开发了，每位企业家都在内心的指引下做事，遵守道德准则，才是真正的供给侧改革。

关于如何激发心之力，徐少春在困境中凝练出深刻的思考。2012 年，金蝶在由传统软件公司向“云管理”公司主动转型时，遭遇了成立以来最大的挑战，由于之前的过度扩张，企业必须进行大规模裁员，组织内人心浮躁不安。夜深人静，徐少春突然悟到了“三个坚持”：坚持信念、坚持信任、坚持行动！这三个坚持其实就是从心中生发的仁爱、智慧、能量和勇气，他激发了心的力量，于是他开始走在朝向光明的道路上。2016 年 5 月，徐少春开始学习阳明心学，“我真正感受到心之力、感受到良知的力量！感动自己，才能感动员工、感动客户；庄严自己，才能庄严社会、庄严世界。清静自己，才能临事不乱、应变无穷；清净自己，才能无为而治、功成事遂。感动、庄严、清静、清净是心之力，是良知之力，是心之力！”

回归再出发

在“道生之”与“互联网 +”的时代，徐少春强调，“我们更要突显‘致良知’关键是要回到原点、回到初心”。初心就是一颗廓然大公、清澈透明的本心，回归初心就是把本心归正。从王阳明悟道的地方开始，徐少春变得特别容易感动。他说：“感动自己才能感动他人，内心柔软才能温暖世界”。而王阳明“仁人之心，以天地万物为一体，欣合和畅，厚无间隔”的思想，又给了徐少春另一个启发：“我若看不见，是因为我的良知有障蔽。所以，彻底放下，才能再出发。”

这恰合了“空杯”的禅理。古时候有一个佛学造诣很深的人，听说某间寺庙里有位德高望重的老禅师，便去拜访。老禅师的徒弟接待他时，他态度傲慢，心想：“我是佛学造诣很深的人，而你不过是个小和尚而已。”后来老禅师十分恭敬地接待了他，并为他沏茶，可在倒水时，明明杯子已经满了，老禅师却没有停下，这位先生不解："为什么杯子已经满了，还要往里倒？"禅师说："对啊，既然已满了，干吗还倒呢？既然你已经满足于现状，又何必到这里向我求教？"

辉煌或坎坷的过去引起了人欲，障蔽了我们的五感，加重了我们的行囊，于是在这条前行的路上，不断有人选择停留，亨利·福特说："任何驻步不前的人都已经进入老年，无论他在20岁还是80岁；坚持行走的人则永葆青春。"如果没有心上的垂直攀登，我们就会挣扎在生命的泥潭中。徐少春说："在企业转型过程中，最难的是管理和文化的转型。很多企业不能转型成功的根本原因就是企业领导者不能'放下过去'，心中装满过时的经验而不自知，还津津乐道，结果给企业带来战略盲点，既看不到战略转型的方向，又找不到转型的突破口。"回归初心，归零后重新出发，这是徐少春永远年青，永远精力充沛的秘诀。勇于放下，敢于"清空自己"，才能不断行走，不断往前。

养企业之"气"

未来的企业有两种命运，要么拥有生态，要么被生态拥有。金蝶选择了前者，徐少春所提出的"企业命运共同体"，就是要构建金蝶的生态网络。

金蝶在构建自己的生态网络时坚持贯彻了两条主线。第一条主线是科技赋能，这是大多数平台企业在构建生态网络时采取的措施，这几年金蝶加大了对科技创新的输入：在人工智能和云计算等高新技术方面的投入明显增加，目的在于奠定以科技和数据为中心的金蝶生态基础。第二条主线则是通过心智赋能，对内培养个体的学习能力和创新思维，实现对人和组织的激活；对外构建和加固基于彼此间信任的协同与共生关系，创造企业良好社会形象，提升企业的韧性与风险抗性。这是大多数平台企业所没有采取的措施，徐少春多次强调，要通过实现“心与心的连接”，来促进金蝶生态的健康发展。

从第一个十年专注解决财务效率问题，到第二个十年开始广泛布局各种服务，到以制造 2012 年开启的第三个十年，继续扎根中国企业管理效率升级，切入云服务。金蝶在商海激流中仍屹立不倒，靠的正是坚持本心。27 年来，金蝶始终秉承“帮助员工成功”“产品领先伙伴至上”和“帮助顾客成功”，致力于成为全球领先的企业管理软件与互联网服务商，并以此为基础，希望与各利益相关方携手共建一个有良知、有温度的“心”生态系统。

金蝶的核心价值观

徐少春说，中国改革开放四十年最大的收获就是建立了自信，从国家层面来讲，就是道路自信、理论自信、制度自信和文化自信；从企业层面来讲，就是企业自信和管理自信，而国家与企业这两个层面的自信的本质就是中国传统文化和中国哲学的自信。而哲学就是通过不断追问来印证价值、发现真理和增长智慧的研究人性与人心的学科。中国传统管理哲学就是研究管理者和被管理者心性的学科，核心思考在于激发人心中的善意和潜能或者说激发人心中的良知。甚至有人说：“中国管理模式的本质就是‘致良知’。”‘致良知’是中华 5000 年文明中的瑰宝，揭示了“心”的真相。它既是人生哲学，也是管理哲学。

随着时代的迈进，越来越多的学者和实践工作者发现，对于当前的中国企业，西方管理理念能够产生的作用越发受限，而中国管理哲学的价值则越发显著，主要原因有两个：其一，中国经济的发展，使得人们的生活更加富足，追求发生了改变，更看重骨子里的文化传承，更希望受到温情的对待，而非被冷冰冰的“教条”和“规则”所约束，而很多企业仍奉行西方的管理规则，缺乏对人性发展的考虑，企业与成员间的矛盾和张力越发明显；其二，数字时代的市场，具有极强的不确定性，技术的急速迭代，引起传统的固定性的事物和理念不断被颠覆，刻板的制度难以跟上时代的变化，以制度规范为核心的西方管理理念越来越难以解决华人企业面对的现实问题。阳明心学中“致良知”这一基本命题，强调对人性的学习和人心的培育，通过“致良知”的学习和实际实现对本性的挖掘、对个性的发展和对特性的培育正是解决当前大量中国企业管理困境的重要思路。

徐少春是阳明心学的忠实学习者、践行者和传播者。2016年，金蝶将“致良知”思想引入企业血脉，自此形成了金蝶而今完整的核心价值观“致良知、走正道、行王道”。走正道就是坚持合法经营，坚持把自己的事情做好，坚持创新中国管理模式；行王道就是利他，关心基层员工，让有贡献的员工得到合理的回报，帮助顾客成功并与利益相关者实现共赢。这两者一曰敬天，一曰爱人，而“致良知”作为阳明心学的重要观点，像温柔的风，在各项日常活动中潜移默化地影响个人的行为和追求，恰如《孔子家语》中所说：“与善人居，如入兰芷之室，久而不闻其香，则与之化矣。”“致良知”的实践，为金蝶注入了强大的生命力。实际上，正是“良知”铺就了金蝶的轨道，在这轨道之上，商业理念和商业模式驱动着金蝶人的行动。

徐少春说：“人生最大的成功，是致良知、走正道、行王道！”“致良知”是一种可以给人带来幸福和满足的伟大力量，不只在金蝶可以实现，放之四海皆准。良知人人都有，不论是中国人，还是外国人，因此，“致良知”具有普适性。稻盛和夫曾说：“我从中国古典思想中学到最核心的一条就是‘致良知’，遵循良知判断事物，我认为这是绝对性的东西。到达良知的境界，将良知付诸实行，是至今我所有事业成功的最大原因。”

附金蝶价值观演进情况，如下表所示。

表　金蝶价值观演进情况

1993—1998 年	敢想、敢干、敢当
1999—2006 年	爱心、诚信、创新
2007—2010 年	客户第一、持续创新、诚信负责
2011—2012 年	激情、专业、团队、赢
2012—2016 年	走正道、行王道
2016 年至今	致良知、走正道、行王道

打造金蝶共同体

当前的世界是一个整体，各国间相互联系与依存日益加深，任何一个国家在全球性的问题面前都无法独善其身。2018 年十三届全国人大一次会议表决通过了

《中华人民共和国宪法修正案》，将“推动构建人类命运共同体”写入了宪法，标志着推动构建人类命运共同体被确立为全党、全国人民的集体意志和奋斗目标。

“大时代需要大格局，大格局需要大智慧”。当下，中华民族的伟大复兴需要有品格的企业家，“在商只言商”的“纯粹”商业精神会极大限制企业家的勇敢精神、事业精神、真正的治国精神、博学精神，以及智慧。2017年10月15日，在第七届中国管理全球论坛上，徐少春提出通过数字化技术，用心连接包含员工、伙伴、用户在内的每个利益相关者，帮助中国企业实现数字化转型，共同打造企业命运共同体。金蝶的梦想，就是要集“互联网+”和“致良知+”两股力量，将企业与企业之间彻底打通，让企业里面的人和人建立更多的连接。徐少春将其总结为“场景即价值，数据即财富；良知即资本，企业即道场”。

（1）与员工共享命运

对个体来说，“共同体”是一个充满理想的“精神家园”，是一个温暖而舒适的场所，是一个温馨的“家”。在这个家里，大家彼此信任、互相依赖。诚然，这并不是一个我们已经获得、正在享受的世界，而是一个我们热切希望栖息、重新拥有的世界。经济学家克鲁格曼在“核心—边缘”理论中指出：“人们在空间经济活动中不断地创造核心和制造边缘，一种旧的文明形态的衰亡，并不一定是被挑战和被破坏的，更大的可能性是旧形态被逐渐忽视和边缘化”。

我们的认知正在发生整体性改变，日益增强的追求“幸福”的意识，迫使我们超越“独白”，走向“对话”；超越“独断”，走向“共识”，我们从未像今天一样如此努力地构建、复兴、寻找和研究共同体。

金蝶的团队建设，关键在于与员工共享命运，也就是“企业命运共同体”的构建。

简单地说，就是运用各项物质和精神手段吸人、培人、激人、留人，使员工个人价值取向与企业价值观趋于一致，在思想意识上把个人的命运同企业的发展紧密结合，与企业建立起休戚相关、荣辱与共的依存关系；使员工树立起与企业同甘共苦的信念。徐少春对于团队建设的思考主要体现在“重视心力”“同频共振”和“激活人人”三个方面。

· **重视“心力”**

2017年4月，在以“迈进智能时代”为主题的IT领袖峰会上，人工智能引起了企业家们的热议。马云说：“机器人下围棋比人类厉害，so what？”；李彦宏说：“人工智能不可能超越人类”。徐少春说：“机器人或者人工智能可以替代人几乎所有的能力，但是无法替代人心，人有慈悲心，有感恩心，有庄严之心，能够产生超出物外的崇高感，生发出不能被数据计量的力量”，他认为中国企业的管理应该使用一种新的打开方式：即重视“心”的力量，这也正是基于金蝶27年商海沉浮得出的返璞归真的思考。

作为一个商业组织，如果大家只是基于某种利益关系，仅仅通过时间连接起来——公司购买员工8个小时时间，员工把自己的8个小时时间出售给公司。那么可能会出现这样的矛盾：“我要的只是一双手和八个小时时间，给我一双手就好了，不需要一个人”。但“人”和“手”真的能割裂开来吗？事实当然是否定的。但这种看似不合理的模式，正是很多企业使用多年的管理方式——一种古老式管理方式。互联网时代，个体意识得到成长，员工的崛起成为必然，企业面临诸多挑战，首先就是雇佣关系的改变。过去是劳工，后来是雇工，现在是事业合伙人和合作伙伴，组织边界在消失。为企业创造价值的不再是被“割裂”开的“手”，我们的管理需要新的革命。

徐少春说：“19 世纪是体力的革命，蒸汽机的发明延伸了我们身体的能量，我们跑得更快，飞得更高；20 世纪以电脑为核心的信息技术，增强了我们的脑力革命。我认为 21 世纪需要心力革命，需要阳明心学。”学习阳明心学，践行“致良知”，就是开发员工的“心力资源”。主宰员工的不是身体，而是能力和心，心才是组织真正最重要的资源。金蝶的员工管理实质就是“心力资源”管理。

发挥“心”的强大力量，关键在于连接。当前社会，每个人都不再是孤岛，商业的本质也不仅仅停留在交换，而是在交换后产生的更深层次、更长远的连接。当企业里人人都践行“致良知”时，员工与员工、员工与企业的“心”连接在一起，他们就会说：“这些事情不是领导让我做的，而是我们自然而然做成的”。“功成事遂，百姓皆谓我自然”，这就是新范式的管理，把团队激活了，就没有干不成的事情，稻盛和夫奇迹般拯救日本航空的秘密也在于此。稻盛和夫激活了日航员工心中的良知，用他巨大的人格力量，把他的经营理念和科学管理方法变成了员工的自觉行动，将 32000 多名员工的心紧紧连在一起，成员间彼此互动以身作则激发出比个体总和更大的蓬勃能量。

- **同频共振**

一家企业，特别是优秀的企业，总有标志性的人物或者说是精神领袖。越是在关键的时候，企业创始人作为一位精神领袖、一面旗帜，越能唤起整个团队的凝聚力。《论语·子路》中提道：“其身正，不令而行；其身不正，虽令不从。”

以身作则是优秀企业家的共性特征。“善禁者，先禁其身而后人”，话好说，落实难，而领导带头行动往往就是最好的落实。能成为行业领军者的企业背后都有一批以身作则的领导，比如联想曾颁布过一条规则：举行20人以上的会议时，迟到者要被罚站1分钟。在这1分钟之后，会议才能开始。这条规则颁布后，第一个被罚的人就是柳传志的老领导，罚站的时候老领导非常紧张，柳传志也非常紧张，但他还是坚持了这项惩罚制度；柳传志本人也被罚过3次，甚至有一次是因为被困在电梯里，并且没有找到人帮忙请假这种非主观性的情况。正是柳传志这种以身作则，与员工同频共振的品质，吸引了一批以他为榜样，自觉追随他的联想人，联想的事业得以蒸蒸日上。

进行团队建设，构建企业共同体，应当是自上而下再到自下而上的过程。除了制度、流程以外，更重要的是各级领导干部必须以身作则、率先垂范。说到必须做到，承诺必须兑现，领导者不仅要带团队，更要影响员工的心理。作为金蝶的董事会主席，徐少春正是一位以身作则的领导人，有力地引导着员工行为层面的规范和精神层面的建设，引导着金蝶人“致良知”的实践。“在我们公司里，我要求每一名干部都坚持‘两不’原则：不讲一句善意的谎言，不说一句负面的话语。当然，坚持‘两不’首先要从我自己开始，我不仅在公司里头这样要求自己，在家里也是如此。如果我在家里不经意地说了一句负面的话，会马上向我太太道歉。”

- **激活人人**

近些年，徐少春的母亲和父亲先后离世，巨大的悲痛让他常常思考生命的意义。他深刻地感悟到，心安之处即是家。我们每个人都不可避免地要面临死亡，与其在死亡面前假设“如果我有更多时间”，不如当下反思“怎样才能好好利用时间”。回望过去几十年的荣耀与煎熬，跌宕起伏的创业经历使徐少春更加深刻认识到生命的意义在于创新和创造，在于不断突破过去。

如果没有管理机制的支撑，“突破过去”的梦想不可能变成现实，金蝶在向云生态转型的同时，其内部也积极重塑管理模式，徐少春强调，“未来的企业管理不再是面向单个企业，而是面向人人。要想最大限度地激发员工，就要使他们拥有CEO的视野、能力、负重感及主人翁精神，使他们‘有所恃而行’”。以往的管理模式是以企业为中心，强调管控、强调流程；新的管理模式，应当是以员工为中心，强调激活个体、强调成就人人，即我为人人，人人为我。“激活人人”是徐少春关于团队建设的进一步思考。

金蝶北京分公司作为试点，率先进行了重点在于“连接资源，赋能个体”的变革。通过划小经营单元，简化管理、充分授权、明确权责、成立利益共同体（简称“利共体”），并在“云之家”移动端上以“利共体”为中心建设起包括“我的团队”“我的绩效”“我的客户”等多个板块在内的“奋斗者服务平台”，每个“利共体”类似于一家虚拟的小微企业，拥有公司内部的“营业执照”和“独立账户”，具有独立的经营权、决策权和用人权，员工变成了自己的CEO。这种模式充分激活了员工的工作潜能。从2015年到2017年的三年时间内，北京分公司的收入增长了近一倍，员工的人均薪酬水平也发生了大幅度的提高。

北京分公司冶金与采掘事业部的熊晓辉就是这一平台的受益者，他说：“奋斗者服务平台把公司和我们的命运紧紧联系在了一起，激发了我们内心的能量，同时也赋予了我们激活他人的能力，整个组织呈现出欣欣向荣的景象，在平台上我们都拥有自我发展的机会和责任，所扮演的角色已远远超出了过去的范畴”。

秉持着“激活每个员工”的理念，“奋斗者服务平台”不仅实现了价值创造与价值回报的统一，充分授权的经营模式更是让员工普遍感受到认可和尊重。2017 年 10 月 19 日，在中车事业部“利共体”认购现场，一位刚入职不久的 90 后员工分享道：“我们的‘利共体’认购就是对自己和自己团队的投资，我们最了解自己，我们有信心完成自己当前承担的工作责任，高效协同，努力拼搏，一定会有好的成绩！在利共体认购时我不需要谨慎。”这是发自内心的愿望与憧憬，以奋斗者为对象，对个体进行赋能，让每个人都充满活力，自我改变、自我驱动，激发出个体的无限可能，从而激活整个组织，企业就拥有了无限光明的未来。

（2）与伙伴共创价值

金蝶的数字化转型方向是构建以云服务为载体，以良知为纽带，以用户为中心的“心”生态网络。徐少春认为，金蝶能否转型成功，关键在于能否实现与伙伴共赢。同时强调，云服务转型是大势所趋，帮助金蝶伙伴加快云转型是顺势而为，通过金蝶云，伙伴将创造更大价值和业务量，为用户提供更快、高质的服务，使企业更轻、管理更易，个体和组织的创造力得以激活。

为与伙伴共同转型，共推云服务市场，金蝶进一步提出：将通过持续优化云产品、持续强化品牌影响力、持续支持和培养云产品的核心伙伴、持续关注伙伴人才建设、持续推进分销管理云端化等方式，加快业务模式 O2O 闭环的打造，与伙伴实现优势互补，一同帮助中国企业从传统的管理方式中激活，共建具备更强连接能力与创新能力的生态系统。顺势而起，只做第一，与伙伴共赢云端。

2018 年 10 月 8 日，中国联合网络通信有限公司（简称中国联通）与金蝶国际软件集团有限公司（简称金蝶）在北京签署战略合作协议，明确双方将建立战略合作伙伴关系管理，充分发挥各自专业领域特长，并实现资源整合，在开拓全国“企业上云”市场方面展开深入和广泛的合作。中国联通副总经理梁宝俊在会谈中表示，双方的合作是优势互补、强强联合，希望双方以此次签约为契机，共同挖掘合作领域，尤其是在工业互联网领域面向中小企业及垂直行业上加强合作，更好地响应国家工业互联网产业政策，以“云 + 网 + 应用”的方式服务全国“企业上云”，助力企业实现转型升级。这场战略合作的产生，主要原因在于中国联通与金蝶拥有互利的先决条件和良好的合作基础。中国联通拥有优质的网络资源、遍布全国的属地化营销渠道、成熟的运营服务体系，曾为政务、工业、教育、环保、旅游等多个领域提供从云基础设施到云网一体、多云协同的整体云服务。金蝶是中国领先的企业 SaaS 云服务厂商，已为超过 680 万家企业和政府组织提供企业管理软件及云服务，金蝶云是国内企业级 SaaS 服务的领导者，与中国联通的 IaaS 业务互补。整合双方优势，金蝶可以巩固其在企业级 SaaS 云服务市场的领先地位，助力企业数字化转型升级，同时加速金蝶云的扩张步伐；中国联通也可以借助金蝶在云应用及服务、云平台客户应用数据使用等方面的优势开拓全国“企业上云”市场，实现进一步发展。

在牵手中国联通、亚马逊 AWS、腾讯、京东、阿里巴巴等行业领军厂商建立紧密的战略合作伙伴关系的同时，金蝶不忘对中小微企业伙伴的关注：一方面，金蝶与伙伴分享利益，共创价值；另一方面，金蝶结合多年以来分支机构运营管理经验及核心伙伴成长经历，向伙伴输出基于管理、培训、市场、技术、服务等各方面的支持辅导，协助伙伴企业搭建更有竞争力的团队，帮助其快速转型，实现金蝶与伙伴的共同发展，合作双赢。

“精斗云”是金蝶推出的面向中小微企业的财务云产品，金蝶在推广“精斗云”时始终坚持“与伙伴共创共赢”的价值主张。2017年，金蝶蝶金云计算有限公司前总裁李光学开启了他的“云转型激活之旅”，他的目标是激活全国的2000多家中小微伙伴企业，不仅要激活它们内心拼搏的力量，更要帮助它们打开“上云”的思维。他首先给伙伴企业负责人算了一笔账，虽然“精斗云”销售单价低于传统财务软件，但是由于云产品的“租用”概念，每卖出一套“精斗云”，伙伴企业都能按年拿到提成，收入是持续增长的。“我要求伙伴自己买一套‘精斗云’，我要让他们真正明白按年付费的概念。我们每个伙伴企业每周卖一套，最后到每个销售人员每周卖一套。我们去年实现了超过10倍的增长。”另一方面，李光学洞悉了“以心换心，用生命激活生命”的真谛，“精斗云”为每一位伙伴提供无缝隙的“贴身”服务，助力伙伴企业成功。

德鲁克说：“系统的价值体现在系统之外。”成就伙伴，也就是成就自己。2003年，金蝶首次提出“产品领先，伙伴至上”的战略，把利益与合作伙伴共同分享，把金蝶与伙伴的命运牵挂在一起，让金蝶走上了“光明的道路”。在“云服务”已成为大势所趋的今天，金蝶十几年来坚持的“与伙伴共创价值”进一步助力了金蝶“云生态系”的形成，金蝶，未来可期！

（3）与用户共同成长

数字化时代，人类又一次站在技术风口的历史方位。互联网、云计算、大数据、人工智能等新技术集中爆发，数字经济的力量喷薄而出，推动中国企业在世界舞台上从“追随者”向“超越者”转变。徐少春表示，金蝶所倡导的“云生态系”

以用户价值为依归，旨在帮助中国企业激活无限可能。他认为管理的本质在激活人心、凝聚信任，无论是金蝶、金蝶伙伴还是金蝶的用户企业，只有激活企业的创新力、凝聚企业人的战斗力、激发企业家的心之力，才能真正落地管理实践，以企业的力量推动时代的进步，在数字经济时代再一次创造“中国奇迹”。

金蝶成立27年，拥有多家提供产品和服务超过二十年的客户，包括万科和招商局集团等。这在中国的企业史上是极其罕见的，能够与这些企业建立起长期的合作关系，金蝶最大的秘诀在于：“与用户共同成长”。以金蝶与招商局集团的合作为例。1996年，金蝶为招商局集团旗下的蛇口工业区提供了财务核算及合并报表系统，开创了为招商局集团提供服务的历程。作为国有特大型企业，招商局集团内部的组织结构复杂，具有跨行业、跨地区、跨境的特点。为保证企业信息化建设的顺利进行，2002年，招商局集团决定以财务信息化作为切入点，投入巨资进行集团的全面企业信息化建设。同年，金蝶与招商局集团建立战略合作关系，金蝶K/3财务系统为招商局集团及各二级公司财务管理提供服务支持，全面推进招商局集团的企业信息化建设。招商局集团借助财务信息化在会计核算政策、会计科目体系、会计报表等方面均实现了高度的统和标准化，为持续提升全集团财务管理工作质量奠定了坚实的基础，为提升集团财务管控的能力提供了有力的支撑。从2002年到2012年的10年时间里，招商局集团的营收规模从100多亿元增长到600多亿元。随着招商局集团业务的高速扩张与规模的扩大，其对信息化有了更进一步的需求。2011年国务院国资委发布99号文提出：“功能完善的财务信息系统至少应当包括但不限于会计集中核算、财务合并报告、资金集中管理、资产动态管理、全面预算管理、成本费用管理、财务分析与决策支持、风险管控等功能模块和子系统，各子系统之间应当实现无缝对接和信息集成，并将关键控制环节和控制要求固化于系统中，实现财务信息系统的内部控制。”向着这个目标努力，2012 年，招商局集团提出强化集团管控，以“质量效益”为战略重点，推动信息化建设，促进集团精细化管理，提升核心竞争力，在集团信息化建设基本思路的框架下，制订总部和下属公司的信息化发展规划。金蝶深度了解招商局集团的管控需求，制订和升级了与招商局集团的合作内容，通过部署和应用 EAS 产品，再次与招商局集团深度合作。从 2012 年到 2017 年，在 5 年多的建设过程中，以战略牵引、需求为先、统筹规划为指导思想，以集中化、集成化、一体化、统一化为原则，金蝶在财务核算、合并报表、产权管理、应收应付、供应链等领域为招商局集团及下属公司提供了全面的解决方案。2017 年，招商局集团制订了财务共享规划，金蝶为招商局集团六大共享中心的建设提供了全面解决方案，这一方案的核心是为“多共享中心”提供财务共享信息化解决方案。同时，为支持招商局集团的“一带一路”发展倡议，金蝶为斯里兰卡、吉布提等海外港口提供财务信息化系统及服务。2019 年 12 月 11 日，招商局集团走进金蝶软件园，共话企业数字化转型。

实施“与用户共同成长”的战略并非易事，这需要金蝶与用户之间长时间的磨合、沟通，更需要站在用户的角度上思考问题，坚持以用户需求为导向，将自己的产品转化为“用户的产品”，而金蝶的表现令人瞩目。2018 年 8 月 8 日，华为轮值董事长胡厚崑在金蝶用户大会上表示：“华为有近 800 家手机门店使用金蝶云的服务。2018 年上半年，华为手机取得 37% 的增长，首次成为全球第二大智能手机厂商，这里面金蝶云的助力也是功不可没。同时，金蝶云的应用也部署在华为云上。华为和金蝶的关系可以说是‘你中有我，我中有你，云中有云’”。

曾经提出“核心竞争力”理论的著名管理大师C.K.普拉哈拉德在其著作《自由竞争的未来：从用户参与价值共创到企业核心竞争力的跃迁》中指出：自由市场经济的基础正在发生重大转型，产品的多样性、供应链的快捷响应、定制化生产都未必带来更好的消费者体验，消费者如今借助数字化技术、生物技术、智能材料技术成了企业的价值共创合作者。因此，企业不能再像过去那样，仅仅关注精益制造，仅仅关注成本与营销，而必须立足于价值共创。在这样的情境下，金蝶与用户共同创新、共创价值的战略思考为企业带来了相当可观的比较优势。

养环境之“气”

对于当今商业社会，北京大学国家发展研究院BiMBA商学院院长陈春花教授曾评论道：“市场的考题也许和以前一样，但答案变了”。作为中国企业发展的见证者和参与者，金蝶见证了中国企业级市场的发展壮大，也深谙企业转型升级的痛点与难点。以今天互联网和技术创新的速度，大部分企业的能力都不足以应对变化的挑战，唯一的方式就是把内部边界打开，把外部能量整合进来，才有能力面对所有的变化。

作为中国企业的SaaS服务商，金蝶在一直都是行业领跑者，在“云管理”时代，金蝶的战略思考也具有很强的前瞻性。通过多年的艰苦摸索，徐少春窥见了“道”

的逻辑。通过连接人心，构建内部“心”生态，金蝶将企业与各利益相关方连接为一个整体，即打造“共赢、共生”的金蝶共同体；通过将阳明心学的思想广而告之，金蝶在“磨砺个人心性与心智，激活个体和组织动能，进而引导晴朗清明的商业与社会环境”的路径上不断探索，并竭力向世界传递中国管理声音。

CFO“致良知”研究院

2018年的五四青年节上，金蝶云提出了“无人会计，人人财务”的财务管理新世界，让财务赋能并成就企业中的每一个人。为了这一目标的实现，金蝶决定要实行一个终极计划——开发下一代财务云。金蝶在下一代财务云的开发过程中采用了很多新的技术，但是徐少春深知，光靠技术还不够，唯有重视商业道德、提升财务人员的心灵品质，才是企业财务管理最后一道坚固的防线。徐少春有一个梦想：用他的人格去做一件全中国CFO“致良知”的事业，他希望属于世界的中国式管理的崛起。对于企业来讲，CFO非常重要，一个伟大的CEO背后一定要有一个伟大的CFO，如果CFO靠不住，企业也不会靠谱，因为CFO主要负责企业资金的流向等大事，对企业命运起到决定性的影响，一来他必须要能看清大势，二来他应当内心纯洁。金蝶持续行动，致力打造金蝶CFO“致良知”研究院，用“致良知”的思维提升财务人员的境界，助推CFO群体技术能力和“心灵”能力同步发展。人有南北，良知没有南北，不管是CFO、CEO，还是一个普通的员工，都是一样的，通过“致良知”的学习，徐少春希望和CFO们共商、共建、共享财务管理良知世界，他相信一个拥有良知的CFO群体一定会创造出属于中国这个时代的、新的财务管理体系，助推中国的企业走向健康的发展之路。

中国文化的精神就是“人文化成”。“观乎天文，以察时变。观乎人文，以化成天下”，简单来讲，就是观察外部物理世界，可以洞察趋势变化；而通过人文思想，则可以教化天下，让社会发生变化。金蝶基于自身财务管理方面的专业性，以财务人员为切入点，将学习“致良知”的方法和能力输入每一个企业，以期让每一个企业拥有一片“致良知云”，“我为人人”必然造就“人人为我”的反哺，中国的商业环境会变得更加和谐清明，金蝶也会因此变得更具生命力。

创建共生企业环境

中国企业今天正处在全新的起点，企业管理要有全新的战略认知框架。陈春花教授认为：从过去经常讨论的如何运营，到今天在战略中讨论如何寻求生长的空间。从零到生产空间的改变是工业化时代到数字化时代的根本改变，在这个改变中，企业家的认知框架应当从竞争逻辑转向共生逻辑。这就意味着企业家必须把企业组织看成是一个整体，而不再是一个个单体。在这种情景下，企业家必须明白，最大的组织效率来源于外部，来源于效率更大的协同、信息和交换。因此，企业必须从高处去看，整体的企业长什么样，应当如何建设？比如云计算和大数据的出现，让消费者和企业之间的协同效率变得非常高，那么基于架构网的协同和共识就成为整体企业建设措施中一种很好的考虑。这就要求企业家要有高远的视野、开放的精神和成就的胸怀。

徐少春站在了这样的高度。2008 年，金蝶推动了中国管理模式杰出奖的建立，秉承公益之心，汇聚商界力量，发掘堪当典范的管理实践、管理故事，分享传播成功企业的案例，为那些被管理困境束缚的企业点亮明灯，助力中国商业发展，助力中国管理发展，让世界听到中国管理的声音。10 年之后的 2018 年，徐少春在 2018 年雁栖湖企业家论坛上，做了题为《让阳光照进每一个企业》的演讲，并在现场发布了自己的个人号，旨在和 680 万名企业家建立心与心的连接。‘致良知’让金蝶找到了管理哲学。以前我们一直在学习西方的管理，学习西方的技术和工具，但是不明白为什么。现在我们找到了自己的管理哲学。那就是在心中寻找光明的方法，把心门打开，让圣贤的光芒照射进来”。他表示，金蝶的初心是全心全意为企业服务，成为最值得托付的企业平台，让阳光照进每一个企业，点亮彼此心中的那盏灯。

为什么以这样的方式给客户董事长们写一封信，为什么要开设个人公众号？因为徐少春希望同企业经营者建立心与心的连接，共同探讨管理哲学，让企业家有一个共话真心的地方。他在信里写道，“创业 25 年来，这是我第一次以这样的方式与您对话。写这封信，是想告诉您，从今天起，我正式开通了微信服务号‘徐少春个人号’，您可以通过这个服务号直接与我交流，不局限于金蝶的产品和服务，还可以分享彼此对生命的感悟，探讨管理哲学和商业的本质。”

《道德经》中说：“天长地久。天地所以能长且久者，以其不自生，故能长生。是以圣人后其身而身先；外其身而身存。非以其无私邪，故能成其私。”简单来说，意思就是帮助他人，成就自己。“创业不易，把握命运更难。所幸，两年的‘致良知’学习让我找回了初心，找到了良知和光明，我希望把这种光明带给每一个企业、每一个人。”徐少春就是这样一位有着大胸怀、大气魄的企业家。通过《致您的一封信》以及建立个人号，徐少春同680万名企业家、8000万个用户紧密连接起来；每天用1到2个小时与人对话，分享自己的思考和实践。徐少春为推动商业互联环境建设，推动商业文明迈向新格局竭尽全力。

用生命温暖生命

企业是经济社会的主体，社会是企业利益产生的来源，是企业成长与发展壮大的温床。企业发展与社会环境休戚相关，企业与社会之间有着密不可分的“鱼水关系”。古语云：“树无根不久，水无源不长”。可以说，积极履行企业社会责任，已成为企业生存与发展的根本。在当今产业变革与复杂多变的国际竞争情势下，社会责任更是企业核心竞争力的重要组成部分。27年来，金蝶在取得长足发展的同时，以感恩社会、回馈社会的心，积极承担企业社会责任，践行公益事业，为中国经济和社会、自然环境的发展贡献一己之力。

徐少春支持祖国的慈善事业。2008年，汶川地震后金蝶第一时间通过中华思源工程向灾区捐助了款项，此后又通过中国红十字会向灾区捐款；2011年同中民慈善捐助信息中心一起在民政部的指导下，双方联手打造“中国公益慈善信息报送平台”，推动我国慈善事业透明化、规范化发展；2012年金蝶助力壹基金搭建公益事业信息化平台，在灾害救助、儿童关怀和公益支持三大领域持续发力；2017年，金蝶携手美丽中国，联合腾讯公益，借助腾讯公益联合公众号“微信运动”推出的运动公益“益行家”平台，捐步公益，“为爱买单”。

徐少春支持祖国的教育事业。1998年8月8日，金蝶公司向教育部及北大、清华、复旦等全国50所知名大学捐赠价值1000万元的金蝶软件；2002年，金蝶在湖南沅江市捐建金蝶希望学校成立“金蝶助学基金”，捐赠沅江市金蝶希望小学50万元，捐赠沅江市第一中学现金100万元；2006年，金蝶捐资100万元成立金蝶（沅江）助学基金捐助沅江希望小学；2008年，金蝶人为四川重灾区茂县捐赠教育奖助金200万元；2013年、2016年金蝶分别在雅安田家炳中学学校、雅安雨城第二中学特别成立了“金蝶教育移民班”；2016年，金蝶为四川思源移民班捐赠30万元；2017年，金蝶向中欧商学院捐赠400万元支持中欧“滴水泉”助学项目；同年，金蝶与美丽中国支教项目宣布达成合作，在未来两年内将旗下金蝶云收入的千分之一捐赠给美丽中国，并利用在云计算领域的技术及资源优势，共推教育资源匮乏地区的基础教育。

2018年8月8日，金蝶25周年庆典晚会上，一群来自天南海北的孩子和老师们用清亮真诚的歌声歌唱着爱与梦想。那一刻，坐在台下的徐少春眼眶又一次湿润了。那是一群金蝶的“家人”——一群金蝶多年爱心资助的孩子和老师代表。筹备庆典时，徐少春说：“金蝶25周年生日，将她们都邀请过来吧，一个（地区）都不能少！”在徐少春心中，不是要邀请这些孩子来给金蝶的公益事业站台，而是要邀请他们过来团聚，感受金蝶大家庭的温暖，感受良知与梦想的力量，科技与文明的力量，为他们带去更多的爱与光明。

四川茂县的符春欢就是这些孩子中的一位，“将金蝶带入我的生命里的是10年前的汶川大地震，在那段不愿回望的日子里，金蝶的到来，恰似一股流入心底的暖流，也是刺破寒夜的曙光，让我在悲痛中，有备受关怀之感，体会到人间大爱；在不知所措之时，感受到鼓励与指引的力量，叫我走出悲痛与迷茫。”后来符春欢顺利考上了大学，一入学便加入红十字会，积极参加各类助残、捐赠、义卖等公益活动。“因受过玫瑰，感受到了满满的爱意、温暖与感动，却对授送之人无以为报，便在力所能及之时，做一些力所能及之事，希望能将我感受到的人间善意，分享给他人”。符春欢说：“总觉得唯有如此，才不会辜负金蝶，以及像金蝶一样帮助、指导与爱过我的人们。”

徐少春说：“人生最大的快乐是‘致良知’的快乐”。从良知出发，以生命影响生命，以生命温暖生命，这是一切事业最动人之处；作为一种精神引导，公益是将爱心与温暖不断扩大的过程，由点及面，从个体到整体，社会风气因之变得更美好。“金蝶的公益爱心事业也许不是最大的，但总温暖着他人，也温暖了自己。”

困知勉行，积厚成器

蝴蝶化蛹是一个激动人心的过程，同时又充满危险与痛苦。不同的蝴蝶蛹期不同，有的几周，有的几个月。他们外表上静止不动，但身体内部却进行着剧烈的变化：一方面破坏幼虫的旧器官，另一方面组成成虫的新器官，这种破坏同时伴随着创新。在痛苦的改造后，蝴蝶就蜕去蛹壳，羽化成美丽的蝴蝶。

从1993年到2018年，金蝶的今天得来不易，忆往昔岁月，挫折、困境都是常事，王阳明说：“困知勉行，学者之事也。”徐少春正是这样一位“学者”，从“敢想、敢干、敢当”到“致良知、走正道、行王道”，他在不断克服困难中求得知识，求得新的思考，带领金蝶坚持梦想，不断前进，不断蜕变。“经苦难磨砺，始得证辉煌”，回首过往，可以说金蝶的每一次变革都指向了未来。

而今，金蝶已成为更多企业在数字经济新时代的选择，财富中国 100 强企业，有一半选择金蝶，金蝶用户数超过 8000 万个，超过 2000 家合作伙伴选择金蝶作为共创共赢的发展平台。《IDC 中国半年度企业应用软件市场跟踪报告（2019 年上半年）》显示，金蝶在 SaaSERM 公有云（即云 ERP）及财务云市场占有率维持排名第一，其中财务云占比 28.4%，超过 2~6 名总和。这是继 2016 年、2017 年、2018 年后，金蝶再次取得了整体企业级 SaaS、SaaSERM 和 SaaS 财务云的三料冠军。“道生之，德畜之，物形之，器成之”，这是万事万物的成长之道，也是伟大的商业哲学。金蝶终得积厚成器！

“致良知”与三个坚持

互联网作为一种技术信念驱动的产业，在某种程度上带有一种“让世界更美好”的理想主义色彩。而技术创新之外，不断探索新的产业思路和价值观，有效地推动社会进步才应当是企业的真实梦想。此外，“互联网改变世界”的价值除了经济效益，或许还有着另一层真意，那就是信念的理想主义色彩。

而就当前商业市场而言，在热钱和疯狂式增长“陷阱”下，互联网企业或多或少已经开始偏离了科技企业的真正命题。用互联网的技术、思想与方式去改造甚至颠覆一切行业，似乎成了一个点石成金的咒语，多少流露出一种“行业繁荣，但信念缺失”的遗憾。

令人感动的是，在一片狂欢中，还有一些企业家在“不务正业”，试图重塑新商业文明背后的价值观体系。比如马化腾呼吁“科技向善”、董明珠倡导“守正、奉献精神”、徐少春守行“致良知”……关于如何去做的问题？徐少春强调，要践行“三个坚持”——坚持信念、坚持信任和坚持行动。

坚持信念就是要坚信自己心中的良知，是首要的“坚持”。人生的秘密就是心中拥有无尽的宝藏，人生重大的真理就是行为作用与反作用。坚信自己心中的良知，相信天理就是良知。徐少春用传统哲学语境阐述了他对“新商业文明”的思考。

企业家的性格、眼光和格局，很大程度上成就了一个企业的梦想和价值观。金蝶曾经制订过很多使命和愿景。比如成为一个大数据公司，成为一个互联网的领跑者，成为一个企业最值得信赖的大数据公司，帮助顾客成功等。通过学习“致良知”，金蝶重新审视了企业使命和愿景，确立了新的使命和愿景。新的使命是：全心全意为企业服务，让阳光照进每一个企业；新的愿景是：做最值得托付的企业服务平台。金蝶要在“致良知”的基础之上构建关系体系、哲学体系和管理体系。

为了实现新的使命与愿景，金蝶一直在思考、在探索。移动互联网的到来，几乎颠覆了一切商业逻辑。大部分企业都陷入了焦虑之中。互联网的本质是什么？世界的本质是什么？徐少春认为，是心与心的连接。只有心与心的连接，才能产生伟大力量。人类进化和发展史，就是一个人与人之间、社群与社群之间的连接史，在“互联网”时代，连接更是无所不在，我们要善用这种力量。坚持信任，建立心与心的连接，人生重大的战略就是建设心灵品质，人生重大的价值就是成就他人，以生命唤醒生命，和他人同心同行。

除了与外部形成连接，企业还应当从内部寻求突破。近几年，徐少春不断地砸电脑、砸服务器、砸办公室，其实都是为了表达“互联网 +”转型的决心和意志。

企业转型很不容易，尤其是“跨体系的转型”。为了思考如何转型，徐少春也曾彻夜难眠。但他始终坚持行动，他相信“坚持行动，就是知行合一。真正的行动，就是知行合一，知行合于道”。27 年来，金蝶坚持运用领先技术进行产品创新，运用领先的管理模式进行业务创新，运用普世价值和中国传统智慧的融合进行文化创新。恪守“致良知、走正道、行王道”的核心价值观，坚持信念，坚持信任，坚持行动，以心为本，顺应“道”的逻辑，不断向新的发展阶段迈进！

“致良知”与金蝶“器成”

五百多年前，王阳明在贵州龙场悟道。阳明心学高扬了人性中本自具足的良知力量。从此，良知与天理不再相悖：天理即良知。依良知而行，即是循天理而动；循天理而动，则必得天助！徐少春认为：“中国管理哲学的本质就是‘致良知’。金蝶成立二十多年来，我一直在上下求索，寻找管理之道，终于，我找到了——圣人之道，吾性自足，天理即良知，良知即是道，道在内心，不假外求。当我们知道了这份良知存在的时候，它就能发挥出无穷的力量。这个时候，我们应对万世万物就不会再害怕、彷徨、纠结，而是会更加的从容和笃定，它是一个非常大的保障。很多人茫茫荡荡一生，就是浪费了心中的‘良知’。”

金蝶董事会主席徐少春正是一位将“致良知”根植于企业文化中的企业家。“通过学习阳明心学，我也在结合过去十年中国管理模式的探讨，找到了自己的信仰，这个信仰就是‘致良知，累积福报，必得天助’”。他说，“人生最大的财富是明净的心；人生最大的浪费是心灵宝藏的浪费；人生最大的无知是不知道在自己的心上用功；人生最大的不明是不相信种瓜得瓜、种豆得豆。”种瓜得瓜、种豆得豆的内涵其实就是因果福报，因与果的关系是人类社会哲学的根本。学习“致良知”告诉我们生命的意义就是要找回“真我”，任何一个人有两个身份，一个是现实生活当中的我，另一个是“真我”，当我们发现“真我”存在，找回“真我”的驱动力就会被激发，是非善恶就会成为我们必然的选择，于是我们种下善因，结成善果，这就是中华文化的本质。

对于践行“致良知”的意义，徐少春曾这样谈道：“越来越多的中国企业开始回归初心，开始重视优秀的中国哲学和传统文化对企业管理的积极推动作用，比如许多企业家（包括我在内）连续多年学习和践行“致良知”，生命焕然一新，团队凝聚力大幅提升，经营效益越来越好，建立了越来越强大的企业自信和管理自信。”现实亦是如此，“致良知”的伟大力量带动金蝶业绩劲涨，从数据上可以直观地反映出来：2020 年 3 月 18 日，金蝶公布截至 2019 年 12 月 31 日（报告期）的全年业绩。报告期内，集团收入同比增长 18.4%，其中管理软件业务表现稳健，同比增长 2.7%；金蝶云业务收入增长 54.7%，云业务生态向更深层次蝶变。

“致良知”的伟大力量带动金蝶回归初心，朝向光明，发现商业的尽头是人性。胸怀天下，以服务全体利益相关方、服务世界为已任，徐少春的“心的连接”论和“激活人人”的理念，都是希望通过增强个人活力与道德观念，自下而上改变整个行业乃至改变整个社会；并引导自上而下的力量生发，造就循环往复的“气流”。这是一条孤独而正确的路，但金蝶已经走了 27 年，并愿意一直走下去。做未来的引领者，做个人的赋能者，金蝶正少年，Keep Walking！

第五章

构建新商业文明·朝向伟大

天地虽大，但有一念向善，心存良知，虽凡夫俗子，皆可为圣贤。

——王阳明

这是一个猎富的时代，又是一个不确定性极强的时代。因此，关于新商业文明的发展和探索是值得被期待的。旧商业文明关注利润和股东利益最大化，而新商业文明格局下企业更加关注与社会、环境、用户、员工的关系。王阳明留给世人的最后一句话是：“此心光明，亦复何言”。这八个字，可以说是王阳明一生的概括，也是他对世人最后的教诲。对徐少春而言，不仅有着对金蝶自身的创新、突破与发展的强烈意愿，更有着对中国管理的探索、热爱与执着，打造中国管理模式，探究新商业文明，让阳光照进每一个企业，是他在做并且坚持要做下去的事情。

大力倡导中国管理模式

关于中国管理模式的思考

2004—2008 年学界和业界深刻关注、反思中国管理模式问题。著名管理学家成思危先生说过一句话："照搬外国的管理模式难以搞好中国的企业"。TCL集团董事长李东生先生也曾谈道："20 年前中国企业家不看西方管理的书籍，那是无知；20 年以后，如果还看西方管理书籍，那就是无能了。"不论是学者还是企业家，从他们的视角来看，均对用西方管理理论、外国管理模式指导中国企业的管理实践持否定态度，这一态度同时也反映了探索中国管理模式的必要性和紧迫性。正是在这一时期，创业多年的徐少春深切地体会到改革开放使中国人民的物质生活丰富了，但同时精神世界变得匮乏了，他开始对自己创业多年来一直按照西方管理模式进行探索和实践的方式进行反思。2006 年，他在中国企业家领袖峰会上发表了题为《全球化时代的中国管理模式》的演讲，正式提出了中国管理模式这一命题，"有了管理模式，万科可以有第二个王石，阿里巴巴能有第二个马云。中国管理模式实际上是在支撑商业模式的创新，支撑产业链的深度整合，支撑企业顾客的高价值创造。"徐少春对《中外管理》的记者说。

对"为什么要提出中国管理模式"这一问题，徐少春在 2018（首届）中国管理模式全球论坛上给出了正面回答："2008 年，美国雷曼兄弟破产引爆全球金融危机，而在 2007 年，雷曼兄弟才刚刚联合 IBM 投资金蝶，这引起我很多思考。过去我们一直向西方的企业学习，但是 2008 年这次金融风暴说明西方管理存在着很多不足。2008 年奥运会在北京的成功举办，极大增强了中国人的民族自信心，世界目光投向中国。中国改革开放三十年，伴随着这一伟大进程的中国企业是不是应该拥有自己的哲学，自己的管理思想？我深感探索研究中国管理模式，不仅仅是企业家的责任，也不仅仅是学者、教授的责任，其实也是我们全体中国人一个历史的责任和担当。"金蝶的经历迫使徐少春思考如何用中国人自己的智慧经营企业，而不是直接照搬西方的管理理论，因而提出了“中国管理模式”的概念，致力于发掘中国管理的价值和魅力。徐少春举例谈道中国管理模式的重要性：“在市场竞争过程中，很多企业仍然存在着严重的崇洋心理，尤其是大企业，他们宁愿花高价钱买一个西方的管理软件，而可能会只用其中10%的功能，浪费掉其余的90%，归根结底是因为缺乏自信。所以，中国人要有中国人的自信，一定要有自己的管理模式。过去我们很多的管理实践是建立在西方思想、西方理念之上的，但西方社会里很多人是有信仰的，他们有自己的一套宗教信仰和哲学基础，我们只是学习了人家的管理之术，但并没有像他们一样拥有自己的信仰，没有学到道，因此我们的管理实践不可能成功。”2008年起，由金蝶独家赞助，管理学家成思危牵头、国内商学院参与发起了中国管理模式杰出奖遴选活动，深入几十家优秀在华企业调研。这是针对中国境内企业管理实践成就的荣誉奖项，旨在发现杰出的中国企业管理的成功实践，解码中国企业的管理特性。2008年，招商局集团、新希望集团和青岛啤酒等九家企业上榜，该活动通过对这些企业实地调研，撰写了《解码中国管理模式》一书，总结了中国企业成功管理实践的四大特性：继承中国传统文化中卓有成效的“管理哲学”；引进西方现代管理理论行之有效的“管理方法”；探索全球化时代中国企业成功的“管理实践”；归纳了中国的企业管理强调管理的实践性。

从2008年到2019年，从招商局集团到韩都衣舍，中国管理模式杰出奖的评选在中国走过了十一个年头，《解码中国管理模式》已出版10本，金蝶也将继续联合国内商学院等将这一公益活动开展下去，为探索中国管理模式贡献自己的一份力量。在《为什么要创新中国管理模式》一文中，徐少春这样写道：“可以肯定的一点是，过往30年间中国企业的成功背后，有很多好的经验、好的实践和好的方法值得我们去总结。所以我们不仅要去学西方的管理思想和管理模式，更应该去创新。我们不仅要复制，更重要的是找到中国企业发展的道路。因此我们提出中国管理模式或者叫创新中国管理模式。”

结合中国企业的成功管理实践案例，徐少春在谈自己对中国管理模式的理解时说道：“2008年，我提出了一个三角模型。首先要有成功的企业管理实践；其次要有具备科学性和先进性的管理方法与管理思想；最后要结合中国哲学的应用。这十年来，我们联合几大商学院，有超过100名的专家学者参与，调研了120多家企业，也访问了1500多个企业的高管，涵盖了20多个行业，每年出版一本中国管理模式的案例集，累计超过150万字。而对‘什么是中国管理模式’这一问题，我现在认为这个三角模型上面的角是中国管理哲学，左下角是现代管理科学，右下角是最佳管理实践。我们遴选各行各业的中国管理模式，他们首先要有最佳管理实践，其次要运用一些先进的科学、方法和手段，但最关键的是要有中国管理哲学作为支撑。”

中国管理哲学是中华民族历经数千年积累、沉淀而形成的对管理的基本认知，亦是指导中国管理实践的方法论。中国管理哲学包含于中国传统的经典文献、文学著作、民间故事中，其中儒、道、佛、兵四种力量最具影响力。儒家文化强调道德的力量，提倡以德立身；道家文化强调自然的力量，提出天道自然与自然而然、崇尚无为与有所不为、阴阳统一与相辅相生和虚静知足与谨守柔弱四大原则；佛家文化强调觉悟的力量，本质上可以归结为一种由觉而悟，从而拥有信仰的过程；兵家文化强调谋略的力量，主张“兵者诡道”，推崇“不战而屈人之兵”。利用不同的文化对企业管理实践的各个方面进行指导，将中国的哲学智慧应用于企业管理中是中国管理哲学的真正价值所在。徐少春认为：“中国管理哲学是反思的管理哲学，反思 20 余年的创业路让我从梦想开始找到了良知，找到了道，我深深认识到一个没有经过反思的人生是不值得活的。反思将进一步拓展中国管理哲学的深度；中国管理哲学是有人文担当的管理哲学，它不仅可以帮助企业解决问题，比如切实突破企业发展瓶颈，还可以帮助解决全人类面临的重大问题，为社会做出实质性的贡献；中国管理哲学是知行合一的管理哲学，扎根于管理实践，这是中国管理模式杰出奖得到各方面参与和推动制订的理由，是发起成立中国管理模式 50 人的理由。我相信，大家对生命和管理的探索将会推动中国管理哲学不断攀登人类文明的高峰。”谈道中国管理哲学时，徐少春说：“皮之不存，毛将焉附。中国管理哲学是中国管理模式的核心，是基于人性的，在我们内心牢牢根植的信仰，有了这种信仰，才能有力量和自信，才能够培育自己的管理核心竞争力。所以我们学习中国传统文化，学习“致良知”，有了良知，就有了道，有了光明。就像王阳明讲草木瓦石之心就是我的良心，我的良心就是草木瓦石之心，世间天地万物于一体之人。所以，我更加理解了习近平总书记提出的人类命运共同体，人类命运共同体就是天地万物一体之人。”

现代管理科学是以往的管理理论（不论是古典管理理论还是行为科学管理理论）和现代科学方法（如新三论）与技术（如电子计算机等）的有机结合，它使得管理思想科学化、管理方法数量化、管理手段电子化及管理人员专业化，使管理理论走向了更高的层次和水平。改革开放以来，中国企业以更加开放的心态迎接着各种挑战，它们用科学的理论和方法作支撑，同中国的具体实际相结合，创造出属于自己的管理模式。

随着中国企业管理水平的不断提升，中国企业管理实践从最初凭经验、拍脑袋，逐步向讲科学、重实效转变。每一年，都有无数管理实践在中国这片热土上崛起，这些管理实践，既是企业不断开拓创新的见证，也是企业发展壮大、增强竞争力和国际化必经的历程。《经理人》杂志经过仔细遴选，评出了 8 项在企业界引起较大反响的管理实践：跨国并购、战略退出、战略联盟、开辟蓝海、敏捷供应链、打造领导力、知识管理和标杆管理。

对于具体企业的管理实践，徐少春以万科为例，发表了看法："在为企业提供管理咨询服务的过程中，我们接触了大量的优秀企业，比如说万科，在和万科的高层接触后，我深深地感受到万科的成功离不开三个方面的因素。第一，万科坚持在中国每一个地方拿一块地都要经过总部的投资管理，这样严格控制了拿地的风险；第二，万科特别重视干部，每一家分公司的中层干部他都要经过总部人事管理部的审核，只有经过审核，总裁批准才能任命；第三，不封顶的激励。万科坚持这三点，其他事情外包或者和其他伙伴来合作。其成功的管理实践就折射出中国企业的成功管理实践与智慧。"

从2008年到2019年，从实践到理论，徐少春对中国管理模式的思考由浅入深，逐渐清晰起来。这一切，离不开他对中国管理的自信，离不开对管理实践的探索，离不开坚持的勇气。他在探索中国管理模式上取得了一定的成就，但他依然在路上，初心不改，继续前行。

发起中国管理模式 50 人

包括陈春花教授在内的25位管理学者与徐少春等25位企业家联合发起了“中国管理模式 50 人＋论坛”，该论坛是由 2008 年发起成立的中国管理模式杰出奖遴选理事会升级而成，旨在探讨文化自信背景之下独特的中国管理价值。在首届中国管理模式 50 人＋论坛暨第十一届中国管理模式杰出奖颁奖盛典的开幕式上，徐少春致辞道：“‘中国管理模式 50 人＋’主要的工作内容有五个方面。第一，搭建学者与企业家的对话与交流平台；第二，发现并表彰中国企业管理的最佳实践；第三，深入调研和总结中国企业管理实践中重大规律性的问题；第四，研究和总结中国管理思想与管理哲学；第五，推广中国管理模式当中的研究成果。我相信‘中国管理模式 50 人＋’必将会是一个影响中国企业管理发展进程的重要组织。”

我们要牢固树立四个自信：道路自信、理论自信、制度自信和文化自信。这四个自信让我们在迈向伟大的国家进程中，感到非常有力量。徐少春提出，企业界也存在企业自信。纵观改革开放以来中国企业的巨大贡献，其中有来自核心技术的自信、来自产品创新的自信、来自运营的自信、来自商业模式的自信、来自文化的自信，而一切自信都源于对中国优秀传统文化的深深热爱。因此，在未来的 40 年里，中国企业一定会崛起于这个世界，一定会形成自己的管理思想和管理体系。徐少春说：“金蝶将携手推动中国企业总结成功管理实践，让更多的企业来分享他们的成果和经验，共同推动中国企业的管理进步，让中国管理模式与西方管理模式在世界的舞台上比武竞技，提升国人对中国管理模式的关注度、提升中国软实力，让中国管理模式在全球崛起。”首届“中国管理模式 50 人 + 论坛”上，陈春花教授谈道将中国管理模式推到世界的三个条件：“一是中国真正有企业成为世界级企业；二是我们要总结规律性的问题；三是一定要具有人文情怀。这三个条件可以让中国向世界贡献管理模式，使中国企业成为世界级企业，如果中国企业一直朝这三个方向努力，我们就会诞生中国管理模式。”

学界提供理论指导，商界拥有管理自信，二者共同为打造中国管理模式贡献着自己的力量。中国管理模式杰出奖从第一届走到第十二届，还将继续持续下去，这种坚持来源于企业家们对探索中国管理之道的热爱，是一种社会责任的体现，更是一种家国情怀。

中国管理模式的本质

中国管理模式到底是什么，其共性在哪里？面对这一问题，徐少春则更愿意称之为“王道”。孟子云：“以力假仁者霸，以德行仁者王。”意思是用蛮力和压迫，不顾他人利益、只顾自己的利益去工作和生活，虽然可以称霸，但不能长久。只有依靠仁德，以为他人着想为出发点，才能治天下，是谓“王道”。“王道”倡导的是一种利他思想，既成为当下扁平化时代对每一个个体的要求，也和诸多优秀企业的做法不谋而合：企业帮助员工成功，帮助客户成功，帮助合作伙伴成功，所以企业成功。金蝶正是这样的企业。

从全球来看，任何管理模式都是在一定的社会背景中产生的，并具有其独特的“功效”。美国式的科学管理解决的是效率问题，日本的丰田管理模式解决了现场管理的精益。中国管理模式要解决的时代问题，就是中国企业的转型和升级。中国企业存在五大转型的趋势：一是战略转型，由机会主义到系统性的思考；二是研发转型，封闭式向开放性平台转型；三是文化转型，由家长式的文化向兄长式的文化转型；四是运营转型，粗放转向精细化运营管理；五是企业家转型，企业家不再仅仅是个创业者，而是正在成为思想家。中国管理模式正体现于这五大转型中，反之，没有中国管理模式，任何转型的实现都将是昙花一现。

中国管理模式的本质是什么？徐少春认为就是“致良知”。“彼得·德鲁克曾经讲过管理的本质就是激发人性当中的善和潜能，在中国传统文化里，王阳明提出的心即理、知行合一和‘致良知’，就是要万事万物回到自己的内心，有怎样的心就有怎样的道，有怎样的道就有怎样的德，就有怎样的事业。基于这样一个哲学基础，我们可以在各个领域构建管理思想，再去重构已有的管理体系。”徐少春在2018（首届）中国管理模式全球论坛的演讲中说道。成思危先生曾经提出：“中国管理模式，一定是要民族的、开放的、创新的，只有三方面统一的模式，才真正是中国的先进模式。”徐少春也谈道：“中国管理模式是推动新商业文明的根本力量。新商业文明不只是用技术重构新的商业基础设施，其本质是要让阳光照进企业的每个角落，让每个人都拥有光明、良知清澈，人人都能感觉到这个世界的美好，也乐于为这份美好贡献自己的力量。”

金蝶研究中国管理模式长达十年之久，深入实地调研了包括腾讯、百度、京东、海尔、万科、摩拜、科大讯飞、华大基因等在内超过160家企业、1550名企业创始人和高管，发现中国管理模式与西方管理模式的差异根本在于中国传统文化。“圣人之道，可学而至”，中国传统文化的密码就是“道”，就是我们这颗心。因此中国企业的管理，除了先进的管理技术手段外，更要重视“心”的力量、重视“人”的力量。

理论与实践相结合，徐少春找到了中国管理模式的本质，也是他所总结的管理本质：致良知。他提倡对员工从“心”上进行管理，进而达到管理的目的，这是一个全新的认知，更是一种勇气。

建设新商业文明

新商业文明内容

马云在《我们要创造新商业文明》一文中对“新商业文明”给出了理论定义：新商业文明就是“信息时代的商业文明”，是随着信息技术的发展、影响而兴起的新的商业文明。未来，每个层次都会有巨大变化。与工业文明时代面向生产者的“大规模、标准化、低成本”相对应，新商业文明下的商业模式是面向消费者的以柔性制造、个性化营销、社会化物流为支柱的“大规模个性化定制”。徐少春则从传统文化视角提出自己对“新商业文明”的认识：“新商业文明是开发心灵宝藏的文明，新商业文明是心与心连接的文明，新商业文明是共同成长的文明，新商业文明是成就社会、服务民众的文明。”

基于中国知网的检索，有关“新商业文明”最早的中文文献是秦朔 2008 年发表在《第一财经日报》的《以责任创造新商业文明》，文中提出：责任、创新与创造是新商业文明的主要特征。最近的文献来自“中国管理模式50人+论坛”提出的《新商业文明倡议书》，该倡议书提出：技术驱动和哲学驱动正在重构商业文明，如何在新商业文明框架下构建人类命运共同体，是时代面临的最大课题；从个人的角度讲，新商业文明应完善个人心性；从社会的角度讲，新商业文明应该促进社会进步，为社会创造福利。张瑞敏认为，新商业文明的核心是价值创造，真正创造价值的是员工而非股东，因而新商业文明的逻辑之一是员工第一、激发员工的创造力。马云认为，当前正是企业家们重新思考新商业文明的时候，企业要重新认定和社会、和员工、和股东的关系及和环境的关系。柳传志认为，对于新商业文明，企业家的第一件事依然是要种好自己的“一亩三分地”，同时履行社会责任。

齐善鸿从道家思想的角度提出了“道商型的新商业文明”。崔尚祖提出“以仁为本”构筑新商业文明。吕力认为“创造”是新商业文明的根本，且若将儒家的责任观应用于创造价值，将会成为新商业文明重要的推动力量，同时也能促进儒学在当代的继承与发展，并在此基础上提出“创造儒学”的概念。

中国社科院信息化研究中心和阿里巴巴集团研究中心共同发布的“新商业研究报告”中，从定义、核心范式、结构、要解决的问题、客体与主体的关系和未来想象六个方面对新商业文明做了深入分析，这里引用该文章的部分内容作为对“新商业文明”理论层面的支撑。

商业文明，是指人类商业行为所创造的一切物质和非物质成果中的进步性成就。每一个历史时代都存在相应的商业文明。通常商业文明包括三部分：器物层面，主要是商业基础设施；制度层面，主要是商业运行中稳定的、模式化的、被广泛接受的一套规范；文化层面，主要是商业习俗、商业道德、商业价值观等。而新商业文明，是在互联网条件下，由电子商务引领，通过经济、社会和文化发展方式变革实现的一种新的人类进步状态。由信息技术革命引发的生产力、生产关系和生产方式的变革，最终推动在此基础上形成新的经济、社会和文化的文明范式和进步状态。

从人与自然关系特点看，新商业文明带来新的生产力，实现从工业革命向信息革命升级的技术进步，形成了以网商为主体，网货为客体的新财富体系；从人与人关系特点看，新商业文明带来新的生产关系，推动以诚信为标志的社会资本所有制变革、以分享为标志的分配制度变革、以责任为标志的管理制度变革，形成以网规为核心的新制度文明体系；从人与自然、人与人关系的综合来看，新商业文明带来了新的生产方式，商业文明以生产方式为单位。有什么样的生产方式，就有什么样的商业文明。上一代的商业文明，是采用工业化生产方式的商业文明；下一代的商业文明，是采用信息化生产方式的商业文明，新商业文明复归直接以人为本、生态和谐的生产方式，具有经济、社会、文化彼此融合的特点，不仅具有经济意义，而且具有增进就业，促进和谐的社会意义。

新商业文明的结构分为基础设施层面、制度与规则层面和文化层面三个方面。基础设施层面，当前IT行业正进入公用计算的时代，提供公用计算服务的巨型商用计算中心，比如目前广泛流行的云计算平台，以及集成各类商务服务和海量用户、可提供云计算服务的各类电子商务平台，正在成为信息时代具有代表性的商业基础设施；制度与规则层面，信息化、全球化将共同诱导出一个持续的制度变迁过程，企业与企业、企业与员工、企业与消费者、企业与社会等，都将发生一系列的与信息时代相适应的制度变迁；文化层面，信息时代的商业文化，将呈现出透明、诚信、平等、开放、分享等特质。

经营粗放是上一代商业文明的主要特征，大量不合理的交易费用沉淀在流通中间环节之间，从中滋生了暴利的土壤，导致对商业基本原则的系统偏离。而新商业文明让人们回到商业本身，消除了上一代商业文明经营粗放、暴利的特点，使人们通过差异化服务实现增值，既有利于消费者，也有利于生产者。同时，新商业文明能显著增进社会资本，促进人与人之间的关系，为上千万家企业创造生存机会，给人们带来上亿的新就业机会，为全球10亿人提供物美价廉的消费平台，通过这种新的生产生活方式，促进人的相互和谐和个性化发展。

新商业文明，是文明演进的“正反合”：农业文明是正，工业文明是反，信息文明是合，信息文明是更高水平的农业文明加工业文明。在新商业文明中，农业文明的自然人、工业文明的经济人，将融合为信息文明的以人为本之人，将社会网络嵌入经济行为。生产者与消费者的关系，将从自给自足经过分工专业化，复归更高的融合。

在未来，新商业文明将带来生活形态的转变，居住、生活、工作、学习，从“割裂状态”越来越走向一体化，就业结构将发生巨变，越来越多的社会成员，其工作领域将与互联网商务活动相关；信息技术为和谐发展提供了更多的可能性，人与人之间的合作秩序更加良性，工作与生活成为自由人的自由联合，形成基于开放、分享、诚信、负责、兴趣的合作秩序，最终指向“选择的自由”与“自由的选择”。这时，个体的能量被充分地激发出来，将拥有更多自主性，获得更多全面发展的机会；产业形态将发生根本性变化，从规模经济转向范围经济，向多品种、小批量方向发展，企业与企业之间从零和竞争发展为生态协作，从价值链发展为价值网络、商业生态系统；商业模式将会发生巨变，大规模定制乃至个性化定制的商业模式将大行其道；企业组织将走向开放、透明，金字塔状的社会结构将瓦解，利用“无组织”的组织力量，人们可以凭爱好、兴趣，快速聚散，展开分享、合作乃至集体行动。商业变革将引发一系列与信息时代相适应的制度变迁，“自治、平衡”将成为未来治理框架的重要原则，社区将成为人们自组织、自协调的重要场所。

通过对相关文献的梳理，可以初步了解学者们对新商业文明最初的认识，而对新商业文明的进一步探索，徐少春一直在路上。

打破管理旧思想的围墙

说到金蝶，大多数人会脱口而出这是一家财务软件公司，这诚然是金蝶最初创业时的定位。经过 27 年的发展，金蝶一路突破自我，以独特的“砸”的方式，不断挑战固有的思维模式，打破旧的管理思想。

2014 年 5 月，徐少春砸掉了自己的笔记本电脑，决心颠覆传统办公；2014 年 8 月，徐少春和客户一起砸掉了服务器，挑战传统 ERP 模式，认为一切都在云端，可以利用别人的数据中心，利用云服务管理公司，这一砸开启了金蝶的云服务业务；2016 年 5 月，徐少春砸掉了办公室，并总结了传统办公室“七宗罪”，表示要创造一种新的办公模式，这一砸打破了组织的边界；2017 年 5 月，徐少春砸了 ERP，用云产品颠覆自我，认为这个行业要日新月异，要不断进行变革，不断进行创新，这一砸帮助客户降低了 IT 成本，使他们能够专注于自己的业务，同时也获得了投资者的认可。

对于徐少春的这些行为，外界有着不同的声音，但他有着自己的理解和看法，接受采访时，他说道："一个人的思维模式要改变是非常不容易的，这个世界上什么都可以改变，唯一就是一个人的思维模式不好改变，打破管理旧思想就是要转变思维模式。所以，我采取了这一系列的行动。"在他一系列"砸"的动作背后，是创新理念的驱使，是学习效果的反馈，更是对管理的不断思考。"金蝶 27 年的创业史，就是一部砸碎旧世界、创立新世界的历史，就是一部颠覆、创新的历史！正是这种敢想、敢干、敢当、敢为天下先的精神，才铸就了金蝶的辉煌！"在《做一名五四青年——致全体金蝶人的一封信》中，徐少春这样写道。

别人眼里的作秀也好，疯狂也罢，徐少春从来没有在意过，他一直追随着自己的内心，首先明确自己的战略定位和目标，进而采取一系列的措施去努力实现。他身上具有中国杰出企业家优秀品质的共性，拥有前瞻性的眼光，坚定自己判断的正确性，并能够为梦想的实现而持之以恒地奋斗；他有着自己独特的魅力，用行动诠释自己的决心，通过"砸"使人们的思维模式发生转变，打破旧思想，使心回到原点，重新出发。他说："一个人要突破自己的瓶颈真的不容易，阻碍我们人类进步的往往就是我们自己并不知道自己不知道，就像爬山一样，不到那个高度就看不到那个视野，所以你一定要拼命地往最高峰发起冲锋，这样才能登高望远，才能一望无际。"

"如今的中国企业，虽然掌握着 21 世纪的先进技术，却仍滞后地延续着 19

世纪的管理思想及20世纪的管理流程。19世纪，泰勒的科学管理、法约尔的组织管理、彼得·德鲁克的自我管理思想虽开创了科学管理先河，但标准化也抑制了人类的个性；企业使用的ERP系统依然是20世纪的概念。新时期，企业的管理模式亟待创新和变革，管理越来越需要精简，从而形成管理的‘新流程’。在个体崛起和组织边界消失的当下，企业管理的‘新思想’应聚焦于激活个体，将新流程、新思想与新技术相融合。”徐少春在2016中国管理·全球论坛暨金蝶用户大会开幕式致辞中对新时期企业如何“重新定义管理”给出了自己的认识。

从思想上入手，是解决一切问题的关键所在，打破管理旧思想的围墙，是探究新商业文明首先要克服的障碍，徐少春带领着金蝶在努力，中国的企业家们也在努力!

发布新商业文明倡议

采访中徐少春谈道：“这是一个新技术最集中爆发的时代，从互联网、人工智能到区块链、物联网等，我相信，这些新的信息技术一定会促进人类文明的再一次飞跃。过去，飞机的发明解放了我们的双脚，流水线生产解放了我们的双手，而现在这些新技术会解放我们内心的力量，会让每一个个体崛起并真正拥有自由，从这个意义上来讲，新技术为新商业文明的建设贡献了来自技术的力量。另一个方面，技术推动了文明的进步，极大地释放了我们的潜能，就会有善的力量和恶的力量，也会有好的念头和坏的念头。所以，回到终极，我们每一个人都需要‘致良知’，需要至高无上的道德准则，从这个意义上来讲，‘致良知’会为新商业文明的建设做出核心的贡献。”

对于以上两种力量，徐少春分析道：“大家只看到了科技的力量，没有看到‘致良知’的力量，只看到了‘互联网 +’的力量，但还没有看到‘致良知 +’的力量。而新商业文明正是由这两股力量推动的，在这样一个伟大的时代，新商业文明也会因这两种力量而重新建设。”

2018 年 6 月 30 日，在 2018 年首届中国管理模式全球论坛上，徐少春首次提出新商业文明的定义：“新商业文明不只是技术，不只是构建一个新的商业基础设施，新商业文明本质是要让阳光照进企业的每个角落，让每个人都拥有光明之心，让每个人都感觉到这个世界非常美好，也为这个世界的美好贡献自己的力量。新商业文明是基于‘致良知’的心智文明，是基于互联网的分享与协同文明，是基于人与自然和谐共生的可持续发展文明。”

“当今世界又一次面临着巨大的变革，新的商业哲学与新的科学技术正在重构商业文明，以新商业文明促人类命运共同体实现，成为必然选择。”2018 年 8 月 8 日晚金蝶 25 周年庆晚会现场，在受邀嘉宾和 8000 多金蝶员工的见证下，由中国管理模式 50 人 + 论坛（C50+）、深商总会、深圳市商业联合会发起的新商业文明倡议正式发布。在徐少春的带领下，与会嘉宾在“良知与梦想”主题的映衬下，共同宣读了新商业文明倡议，“我们倡议：从我做起，遵循天理良知，以信任创造价值，以科技赋能商业，共建诚信、责任、开放、合作、共享的新商业文明，共同推动管理进步，共创未来美好生活”。

徐少春认为，建设“新商业文明”是一种使命和担当，企业要心存良知，要守住底线，建设更加美好的商业社会是历史发展的必然趋势。陈春花教授则指出：

第一，当今世界面临着一大转折点，该转折点是由技术驱动和哲学思想驱动的，技术驱动和哲学驱动正在重构着商业文明，如何在新商业文明的框架下构建人类命运共同体，是时代面临的最大课题；第二，从个人的角度来讲，新商业文明应该完善个人心性，助力人类共同成长；第三，从社会的角度来讲，新商业文明应该促进社会进步，为社会创造福利。

新商业文明倡议是探索商业之道的开始，更是关键的一步，是中国企业走向世界的重要力量。在徐少春看来，“中国管理模式的本质是‘致良知’，是推动新商业文明的根本力量。”

管理中的赛艇精神

在徐少春办公室里，很显眼地摆放着一台赛艇模型，书架上有一张照片，是徐少春划着赛艇的照片，赛艇对徐少春而言已经是生活中不可缺少的东西了，“一个强大的体魄是我们转型和变革的支撑”，徐少春曾经这样说道，而划赛艇正是他强身健体的首选方式。

徐少春和赛艇的故事始于 2014 年，受好友王石的邀请，参加剑桥赛艇游学营之后，徐少春便爱上了这项古老而优雅的运动，从此人不离桨，桨不离人。“赛艇是我见过最迷人的运动，它能够最大限度把人的心肺功能调动起来”，他不仅自己热爱着这项运动，更是不遗余力地推动着赛艇在中国非专业领域的普及。短短几年，他发起创办了超过 20 个民间赛艇俱乐部——包括划赛艇俱乐部、金蝶赛艇俱乐部、金蝶明珠会赛艇俱乐部。然而对徐少春来说，赛艇不仅是一项业余爱好，更是一项公益环保实践。2017 年 5 月，他投资建立了深圳大沙河赛艇基地，在与深圳水务局的通力合作下，这条曾经的污水河变成专业的赛艇赛道。

谈到赛艇与企业管理的关系，徐少春表示："大家都知道划赛艇时，在一台赛艇上必须要形成合力，大家的动作、节奏要一致、协调，要换位思考，要站在对方的位置上考虑，特别是心要在一起才能形成合力。我们在教科书上或者在日常工作当中学到的'什么是协作、什么是协同、什么是团队'等，都不如'合力'这两个字有意义。金蝶创立二十多年了，我的团队大多跟了我十五二十年了，通过赛艇运动，让我重新认识了我的团队，我从他们身上看到了金蝶更大的潜力，金蝶正在展开第二次创业，赛艇精神将为我们注入新的激情。"赛艇运动，在帮助金蝶成长。这同时也印证了徐少春在接受 CCTV 采访时讲道的："我觉得赛艇运动是一项非常迷人的运动，在一条赛艇上大家团结一致，互相信任，大家心在一起，能展现一种集体的力量、一种团队的精神，赛艇运动比其他任何运动都能展现完美的团队精神！"

"到底为什么我喜欢赛艇？因为我爱 Fashion，为什么要 Fashion，因为要拥有 Passion，为什么要 Passion，因为要 Fighting，为什么要 Fighting，因为我有 Mission，Mission 是什么，就是实现金蝶的转型，破蛹化蝶，蝶变成金。"徐少春表示。

而面对赛艇"要划向何方"这一问题，徐少春谈道："我非常喜欢奥林匹克之父顾拜旦讲过的一句话'一个民族，老当益壮的人多，那个民族一定强；未老先衰的人多，那个民族一定弱。'希望大家一起在中国转型的大变局之中，在每一个企业转型之际，不要忘记我们身上的责任，不要忘记我们要强身健体。"

万科股份有限公司董事局原主席王石曾经谈道：“企业管理和划赛艇是一个道理。对每个人来讲，从自然的关系来讲，在体育项目当中，在和他人的竞争与合作上，最优美的是赛艇。你会发现这种运动，从管理上来讲，就是一个团队的分工、协作、配合，如果不配合好，强也会变成弱。你发挥好协作优势，反而会很强。现在无论是在剑桥还是在牛津，赛艇运动已经成为商学院管理学课程探讨的话题之一。前几年管理学课探讨登山，现在是探讨赛艇。”王石总结了两点：一是赛艇运动让他从个人英雄主义回归到集体主义，“以往参加运动，更多的是个人英雄主义情怀作祟，到了剑桥练习赛艇才发现赛艇的真正意义，这是一个团队运动，缺一不可，一点私念都不能有，这是赛艇运动的精髓。划赛艇让我明白了如何从个人英雄主义回归集体主义。”二是企业家需要低下头去审视自己，“企业家总有一种指挥欲望，划赛艇时也会情不自禁地想指挥一下，但这样是不行的。到剑桥之后我才明白，赛艇必须是所有人从头到尾一起练，团队的身心没有合在一块儿势必会影响最终的成绩。我从赛艇运动当中知道了，在现代文明、现代工业、现代整合当中自己应该是什么角色。或许你们现在还在情不自禁地当着老大，我却早已协调好了自己的角色。”

赛艇运动对金蝶，不仅是强健体魄、凝聚团队精神的一种方式，更是响应了金蝶极力提倡的运动文化。而徐少春也通过赛艇精神对金蝶团队的力量和作用有了更加深刻的认识，他管理企业的方式也在发生着改变。

思考企业家精神

辛向阳在《企业家精神》一文中这样写道：“企业家不仅要在推动社会经济增长方面起到火车头一样的推动作用，还要以自己的精神为社会塑造一种气质，企业家精神是我们这个社会不可缺少的一种精神气质。企业家精神的主要内容包括契约精神、信用精神、竞争精神、民族精神及大未来精神。这是一种宝贵的社会资源，有了这种资源，我们就可以挖掘其丰富的内涵，使之发展成为推动社会发展的关键性力量。”

对于企业家精神，徐少春给出不同的解释。2018 年 12 月 14 日，徐少春在“岛邻手拉手，翱翔大湾区”——正和岛广东岛邻机构五周年庆暨换届大会上对“新时代的企业家精神”给出了自己的认识：“我今年对企业家精神有很多感悟，最近想到了六个字，觉得这是我心目中新时代的企业家精神。第一个就是‘爱’，第二个就是‘冒险’，第三个就是‘活上去’。”

关于“爱”，徐少春说道：“爱就是无私地奉献和给予，然后你就会收获一种特殊的、愉悦的幸福感。我们内心干净，无私地帮助他人，就会拥有一份爱。孔子说，放于利而行，多怨。如果做任何事情以获利为前提，一定会产生抱怨。当下社会有很多的抱怨，其实就是因为把利放在第一位，而不是把爱放在第一位。”金蝶有这么一个案例。有一个客户，规模不大，很多年前和分公司签了一个合约，按照合同是没问题的，但是这个客户觉得不满意，不断在微博私信徐少春，希望徐少春尽快解决。徐少春也一直督促分公司跟进，然而始终没有妥善解决。后来徐少春就对分公司经理说，请你关起门来静静地问自己三个问题："你爱客户吗？你真的爱客户吗？你真的真的爱客户吗？"这三个连问，让他恍然大悟。后来他写了两篇家书。在《我真的爱客户吗？》中，他写道："我是爱客户口袋里的钱，还是真的爱客户？我是为了我的业绩在大小客户之间有所区别，还是真的想把那份爱带给我们这个客户？"在另一封家书《关于正其谊而不谋其利》中，他说："其实企业与企业之间的交往是基于一份合约，但那是表面的，它的本质是一种爱。如果每个企业都看到这个本质，我们这个世界就会变得更加美好，我们这个商业社会就会变成一个真正的人文社会。"每个企业都想建立一个王国，而要成就这所王国，首先要把客户装在心里。

关于"冒险"，徐少春谈道："冒险，就是无所畏惧而采取行动。大胆地往前走，这就是冒险。过去，我砸掉笔记本电脑、砸掉服务器、砸掉办公隔断，甚至把多年的 ERP 也砸了，这次又把财务和业务之间的围墙砸了。为什么要砸？其实就是要坚定不移地转型，我心里非常清楚，云计算就是我的方向。在为客户服务过程中，我能感受到每个企业在互联网转型时期都会面对很多挑战。第一个挑战，就是行业价值链的重构，要把企业所有的信息打通，价值链就要重构。第二个挑战，企业的核心竞争力也会发生改变。不是过去讲的技术、成本和资源，而是如何快速地利用新技术去成就客户，如何更好地面对不确定性，快速地反映市场，怎么更好地找到、发现和成就核心人才，这是企业的核心竞争力在改变。最后当然还有数字化的挑战。每个企业都在转型，这些都是挑战，每一步都是冒险，你敢不敢冒险？创新的本质就是冒险。"

对于“活上去”，徐少春谈道：“为什么讲‘活上去’？水往低处流，人往高处走。人要往上走，那么企业怎么往上走？企业家要提高自己的仁爱、境界、智慧和能量。我们为什么焦虑？为什么害怕？是因为我们在一个有限的知识和信息空间里做决策，要突破这个空间，就要把自己的仁爱、境界、智慧和能量提高，只有达到更高的层面，看这个世界才能一览众山小。王阳明讲过一段话：‘呜呼！可悲也已！所幸天理之在人心，终有所不可泯，而良知之明，万古一日，则其闻吾拔本塞源之论，必有恻然而悲，戚然而痛，愤然而起，沛然若决江河，而有所不可御者矣！非夫豪杰之士，无所待而兴起，吾谁与望乎？’王阳明认为，所幸的是天理在人心，始终不可泯灭，良知的光明，犹如万古不变的太阳。所以，我认为‘活上去’，提升企业家自己的心灵品质，‘致良知’是唯一途径。明心、净心，让自己的心回到本来干净纯粹的状态，企业家内心的力量被激发了，成功就是必然的结果。”

“爱、冒险、活上去”，是徐少春对新时代企业家精神的高度概括。这六个字的提出，有着金蝶对客户的爱，有着徐少春对自己27年创业路、转型路的回望，更有着徐少春对企业如何做大、做强的思考。

让阳光照进每一个企业

徐少春不止一次提道：“现在与未来，我的人生就三件事：云计算、划赛艇、致良知。”短短九个字，勾勒的是徐少春未来人生的蓝图：云计算，是事业；划赛艇，是兴趣；致良知，则是信仰。2018年8月8日，徐少春在金蝶25周年“良知与梦想”的晚会庆典上发表了题为“让阳光照进每一个企业”的讲话，他表达了感恩，表示了诚意，表明了决心。

徐少春谈道：感恩这个时代，能够有幸见证和参与中华民族的伟大复兴；感恩祖国，能够有幸与伟大的祖国同频共振；感恩朋友们和金蝶所有的客户们，能够有幸与他们风雨同舟；感恩金蝶所有的兄弟姐妹，还有他们的家人，因为是他们的奉献与支持铸就了金蝶20余年的辉煌。并宣布向金蝶国际下属公司的每一名员工赠送888股金蝶国际的股票。“我们高兴、兴奋的时候，不要忘了我们的初心。不忘初心，牢记使命，朝着伟大继续奔跑前进。历史从不等待犹豫者、观望者、懈怠者和软弱者。我们唯有无所待而兴起，才能不辜负这个千年一遇的伟大时代！改革开放40年，点燃了无数中国人的梦想，我也是在20世纪90年代初，借了5000元，买了一批电脑散件组装了一台电脑，拿350元的社会保险补偿金，开始我的梦想，开始我的创业。我想让千千万万财务人员从苦海当中，从烦琐的劳动当中解放出来，让他们工作更轻松，让他们能够有美好的人生，大家想想这是多么美好的初心。”

金蝶用了二十余年的时间，终于找到比梦想更本源的力量——良知。徐少春常常反思，过去，中国的企业向西方学习现代管理科学，却为何总是不能很好地解决企业自身的问题。通过近十年重点学习中华民族的管理智慧，他终于找到了答案：每个人都有道，圣人之道，吾性自足，天理即良知、良知即道，道在内心，不假外求。对于徐少春，人生最大的成功是致良知，走正道，行王道。这种理念同样可以运用在企业管理中。徐少春认为一颗纯粹的心灵，能够敏锐地感知身边的变化，而一颗迷失的心就会错失近在眼前的机会，事业的起伏跌宕，完全是由我们自己的心灵品质决定的。有怎样的心就有怎样的道，就有怎样的德，就有怎样的事业。不能胜寸心，安能胜苍穹。找到了良知，找到了道，我们更有力量。心中有信仰，脚下有力量。

通过学习阳明心学，践行“致良知”，每个金蝶人的内心都变得更加柔软，更加自信，创新更多，服务更好，企业自信明显提高。金蝶预计并有信心实现 2020 年云收入占集团总收入 60% 的目标，成为一个真正的云计算公司和互联网公司。2018 年金蝶成立了公益性质的 CFO 学院，累计培训了 3000 多位财务人员，到 2020 年这个数字至少超过一万名，让阳光照进财务，让天下没有假账将成为可能。金蝶与客户的关系将由一张纸变成一本书，不是一张纸的合同，而是生命唤醒生命的感人故事，金蝶要以清澈的良知、卓越的产品、真诚专业的服务为客户提供优质的产品和暖心的用户体验，能够帮助客户成功是金蝶最大的光荣。

金蝶的使命就是全心全意为企业服务，成为最值得托付的企业平台，与天下有志之士共商、共建、共享一个新的商业文明世界。让中国管理模式在全球崛起，让阳光照进每一个企业，让新商业文明之光普照世界。“让阳光照进每一个企业”已经成为徐少春新的使命，他在努力，金蝶也在努力。

第六章
总　结

从良知出发，探讨企业管理之道，共商共建新商业文明，推行中国管理模式。金蝶董事会主席徐少春的管理思想是一个立体的架构，从个体、组织到社会，徐少春的管理思想可以被概括为“三见”：见自己，见事业，见众生。

从管理哲学的层面来说，西方人文管理思想偏向关系人与之间的思考，比较缺乏一种向内的工夫。徐少春对于“致良知”的实践正是基于这一问题而进行的由“向外”到“向内”的转变，见自己，以拨开迷瘴找回最纯净的心。用良知唤起每个个体的工作初衷。徐少春推崇并践行阳明心学。从心上发力、在心上用功是阳明心学的重要主张，帮助我们在起心动念之间，探寻深层意识的自我，在日常的行动中塑造我们的态度、情感和人格，在这样的过程和循环里，不断地扩充小我、成就大我。

而“大我”中其实包含了一个叫作“成长”的重要概念，在2017年企业家致良知（雁栖湖）论坛中，徐爱华女士分享道：“成长而非成功，因为成长具有社会关联性，它是无限的、没有边界的，而成功只是反映个人满足感，永远无法超越个人层面。”建立在为他人和社会服务基础上的“成长”，正是“大我”的表现，是所有人类活动（包括企业家行为）得以成功和延续的重要基础。

徐少春的管理思想的第二个层面是基于整体思维的“见事业”或者叫作“见企业”。企业是社会一部分，同时，亦是一个社会利益主体。企业要经营得好，对相关利益者负责。“见企业”就是要了解企业的生存与运营环境，包括企业内部的团队建设和外部与利益相关方的联系和利益诉求。自内贯彻“致良知”的思想，重视员工“心力”资源的开发，并通过以身作则、打造奋斗者平台等手段激活每一位员工，与员工共享命运，实现个人追求和组织目标的有效联动；对外以“与伙伴共创价值，与用户共同成长”作为行动的准则，“全心全意、至诚无息”不仅要挂在嘴边，更要放在心上。与各利益相关方之间实现心与心的连接，向内求得力量，向外获得共生。

从工业时代转型到数字时代，企业的思维必须发生从竞争到共生的转变。十几年前，企业界将杰克·韦尔奇的《赢》奉为“CEO 们的圣经”，而他本人也被称为工业时代的“全球第一 CEO”。星移斗转，时移势迁，数字时代与工业时代的环境发生了巨大的改变，底层根本性的商业逻辑需要进行彻底转换。无论是增长速度、价值创造与获取方式，还是战略举措都发生了根本性的变化。陈春花教授评论道：“今天我们看到的是工业时代的‘赢’，无法延续到数字时代的‘生’”。

在工业化时代，行业和资源的边界相对清晰，企业在一个条块分明的空间寻求立足点，遵循的是“竞争逻辑”，将企业视为在同一个竞技场上博弈对抗的对手，客户则是这场比赛的裁判。企业通过定义和不断加强自身的比较优势，满足客户的需求。谁把客户需求满足得更好，则能实现最终的目标——“赢”得竞争。

然而在数字时代，企业家不得不承认的是“游戏规则改变了”。互联网驱动社会在扁平、开放的道路上狂奔，技术应用打开了人、产品、行业之间的连通性，资源和产业的边界约束条件发生了变化。多样性的商业应用场景下，传统企业的优势被大大削弱，而在成本和速度方面的劣势则尽显无遗，死抱住原有的核心竞争力，不愿意去做更新，迟早会被淘汰，并且进程会越来越快。我们今天这个时代，表面无序但是又深度关联，如果说过去进行的是一个叫作“孤岛求生”的游戏的话，那么今天走进四通八达的城市后，我们发现“拼得你死我活”这件事情变得不再必要，如果与恰当的外部资源形成连接，构建生态，反而更容易带领企业走向新的局面，因为当一个企业拥有了生态，它就拥有了一个无限想象的未来的空间，市场波动的不确定性对它的局限性就会相对变得很小。曹仰锋教授评论道：“未来的企业只有两种结果——要么拥有生态，要么被生态拥有”。

徐少春拥有高远的战略眼光，金蝶的每一次革新都指向了未来，一切在改变，所有在行动。金蝶人在徐少春的带领下展现出新精神面貌，真诚与服务成了金蝶打造共赢共生“心”生态系统的有力保障。2019 年 3 月 16 日，徐少春个人号收到了一封来自精斗云客户李小脸儿（网名）的特殊的表扬信。被表扬的主人公是客服号为 29205 的精斗云客服人员李炳全，为了帮助误操作导致故障的客户解决问题，他加班近两个小时，主动承担最繁难的工作，做到了真正的“想客户之所想，急客户之所急”；面对客户的付费请求，他一再拒绝，并与客户分享了“全心全意为客户服务”的企业理念。

在更宏观的层面上，徐少春希望能够将中国管理模式推向世界，此谓见众生，致力打造新商业文明，构建美好商业环境与社会环境。热爱与执着，是徐少春的代名词。回顾金蝶往昔岁月，从西方背景下的管理转向对“走正道、行王道”的中国传统哲学思考，再到“良知即道”的实践，这条艰难探索的路，金蝶走在了第 27 个年头上，徐少春愿意将这过去 20 余年的经验教训与所有人分享。

徐少春认为中国管理模式的本质就是“致良知”。彼得·德鲁克曾经讲过管理的本质就是激发人性当中的善和潜能，在中国传统文化里，王阳明提出的心即理、知行合一和“致良知”，就是要万事万物回到自己的内心，有怎样的心就有怎样的道，有怎样的道就有怎样的德，就有怎样的事业。“基于这样一种哲学基础，我们可以在各个领域构建管理思想，再去重构已有的管理体系，中国管理模式是推动新商业文明的重要力量，而新商业文明的构建是推动中国企业、中国智慧走向世界的根本力量”徐少春在2018（首届）中国管理模式全球论坛的演讲中这样谈道。

新商业文明不只是用技术重构新的商业基础设施，其本质是要让阳光照进企业的每个角落，让每个人都拥有光明、良知清澈，人人都能感觉到这个世界的美好，也乐于为这份美好贡献自己的力量。”在这样的环境里，个体能动性被放到最大，管理者的管理难度变得最低，最高的溢出效应得以实现。

2008年，金蝶推动了中国管理模式杰出奖的建立，秉承公益之心，汇聚商界力量，打造中国管理模式，探究新商业文明，让世界听到中国管理的声音，这是徐少春一直在做并且坚持要做下去的事情。世界那么大，问题那么多，国际社会期待看到中国方案、见证中国智慧，中国不能也不会缺席！“我将无我，不负祖国！”徐少春立下光明之志——敢愿让中国管理模式在全球崛起。并为了这一最终目标的实现而磨砺内心，包容万物，铺洒光明！

参考文献

[1] 奥托·夏莫，凯特琳·考费尔．U 型变革 [M]. 陈秋佳，注译．浙江：浙江人民出版社，2014.

[2] 北京知行合一阳明教育研究院．阳明心学的力量 [M]. 北京：机械工业出版社，2017.

[3] 彼得·德鲁克．管理：使命、责任、实务 [M]. 王永贵，注译．北京：机械工业出版社，2009.

[4] 曹仰锋．金蝶转型：良知与梦想 [M]. 北京：中信出版社，2018.

[5] 陈春花，赵海然．共生：未来企业组织进化路径 [M]. 北京：中信出版社，2018.

[6] 陈春花．集合智慧——不确定时代的组织管理——《激活组织：从个体价值到集合智慧》简读 [J]. 中国机械工程，2018，29(02)：242-251.

[7] 陈春花．企业文化塑造 [M]. 北京：机械工业出版社，2016.

[8] 陈来．有无之境：王阳明哲学的精神 [M]. 北京：北京大学出版社，2013.

[9] 稻盛和夫．稻盛和夫的人生哲学：活法全集 [M]. 曹岫云，注译．北京：东方出版社，2010.

[10] 董平．传奇王阳明 [J]. 理论与当代，2011，(02)：54.

[11] 胡海波 . 中国管理学原理 [M]. 北京：经济管理出版社，2013.
[12] 胡宇辰，詹宏陆 . 基于心本管理的企业员工幸福感提升分析 [J]. 江西社会科学，2014，34(06)：234-239.
[13] 华思语 . 徐少春的王道精神 [J]. 英才，2011，(12):136.
[14] 黄前进 . 激情万千 [J]. 经理人 ,2003(01):22-24+26-29.
[15] 焦晶 . “三问”中国管理模式 [J]. 中外管理，2011，(09)：98-100.
[16] 焦晶 . 文化，为变革护航 [J]. 中外管理，2010，(08)：47-48.
[17] 乐天 . 徐少春个性守和变 [J]. 新前程，2008，(05)：22-27.
[18] 李非，杨春生，苏涛，吕智宇 . 阳明心学的管理价值及践履路径 [J]. 管理学报，2017，14(05)：633-639.
[19] 吕力 . 财富的正义与正义的财富：中国新商业文明的基石、核心、条件与路标 [J]. 现代商业，2018，(29)：172-173.
[20] 邵发军 . 习近平“人类命运共同体”思想及其当代价值研究 [J]. 社会主义研究，2017，(04)：1-8.
[21] 史亚娟 . 25 年金蝶“蝶变新生 [J]. 中外管理，2018，(02)：54-65.
[22] 苏勇 . 改变世界四：中国杰出企业家管理思想精粹 [M]. 北京：企业管理出版社，2019.
[23] 苏勇 . 良知化蝶：徐少春印象 [J]. 企业管理，2018，(10)：47-48.
[24] 孙瑜 . 徐少春危机感下的“蝶变”[J]. 英才，2011，(09)：62-63.
[25] 田宏文 . 化蛹为蝶——金蝶集团的成功之路 [M]. 深圳：海天出版社，2008.
[26] 王进 . 对作为一种“政治哲学”的阳明心学之省思——徐复观《一个政治家

的王阳明》发微 [J]. 浙江社会科学，2018，(01)：134-143.

[27] 王磊 . 从“格物”“诚意”到“致知”——王阳明的《大学》诠释与“致良知”的提出 [J]. 烟台大学学报 (哲学社会科学版)，2014，27(01)：32-39.

[28] 王清刚 . 论企业内部控制的灵魂——从制度建设到道德与文化建设 [J]. 中南财经政法大学学报，2014，(01)：119-125.

[29] 王阳明 . 传习录 [M]. 于自力，孔薇，杨骅骁，注译 . 郑州：中州古籍出版社，2001.

[30] 乌麦尔・哈克 . 新商业文明：从利润到价值 :Building a Disruptively Better Business[M]. 吕莉，注译 . 北京：中国人民大学出版社，2016.

[31] 小榭 . 金蝶展翅——徐少春及他麾下的金蝶公司给我们的启示 [J]. 软件，1998，(06)：14-18.

[32] 辛向阳 . 企业家精神 [J]. 中国人才，2000，(02)：43.

[33] 中国社科院信息化研究中心，阿里巴巴集团研究中心。新商业文明研究报告 [J]. 中国信息界，2010，(05)：63-66.

[34] 熊十力 . 十力语要 [M]. 北京：中华书局，1996.

[35] 徐冰 . 金蝶软件，打天下算盘 [J]. 电脑，1996，(09)：8.

[36] 徐少春，庄文静 . 金蝶“互联网 + 财务”的新生存方式 [J]. 中外管理，2015，(12)：46-47.

[37] 徐少春 . ERP 改变中国 [M]. 北京：机械工业出版社，2007.

[38] 徐少春 . 中国管理模式的思考 [J]. 企业管理，2010，(10)：20-21.

[39] 徐少春 . 走自己的路——中国财务软件公司重任在肩 [J]. 会计之友，

1999，(02)：36-37.

[40] 闫秀敏，曾昊，于文波 . 中国式管理与中国管理模式的理论辨析 [J]. 管理学报，2011，8(09)：1269-1274.

[41] 杨光辉，张伟 . 中国管理模式的推动者——对话金蝶董事局主席徐少春 [J]. 现代工业经济和信息化，2011，(09)：26-28.

[42] 张兆国，梁志钢，尹开国 . 利益相关者视角下企业社会责任问题研究 [J]. 中国软科学，2012，(02)：139-146.

[43] 中国管理模式杰出奖理事会 . 解码中国管理模式 [M]. 北京: 机械工业出版社，2009.

[44] C.K 普拉哈拉德，文卡特・拉玛斯瓦米 . 自由竞争的未来：从用户参与价值共创到企业核心竞争力的跃迁 [M]. 于梦瑄，注译 . 北京：机械工业出版社，2012.

[45] W. 钱・金，勒妮・莫博 . 蓝海战略（扩展版）[M]. 吉密，注译 . 北京：商务印书馆，2016.

后 记

改革开放四十年来，中国涌现出一批批优秀的企业家，他们凭借着过人的胆量和智慧，一拳砸开世界的大门，带领中国登上国际舞台。他们是经济全球化的弄潮儿，用自己的思想和行为影响了一代又一代的人。陈春花教授曾说：“如果中国不能够诞生一批真正意义上的企业家，民族就无法振兴，就无法真正地步入世界的主流，就无法自立于这个充满竞争和机会的世界。”在国际竞争环境日益激烈的当下，传递中国杰出企业家管理思想、凝炼管理智慧、创新管理模式、共同推动中国管理模式下的企业经营之道已然成为所有管理研究者们的共识和使命。

徐少春是一位非常杰出的管理思想家，也是中国管理模式探索路上的领跑人。他坚定地认为，中国人要想有中国人的自信，就一定要有自己的管理模式。探索研究中国管理模式，不仅仅是企业家的责任，也不仅仅是学者的责任、教授的责任，更是每个中国人一个历史责任和担当。为此，他主动发起中国管理模式杰出奖遴选活动，通过自己的身体力行，叙述、传播、践行他对管理的想法和观点。

在金蝶迎来 25 周年之际，我们有幸参与了对金蝶徐少春的访谈项目。进行采访前，我们专门做了一些研究准备。我们阅读了大量有关徐少春和金蝶的媒体报道，观看了以往公开的一些徐少春的视频资料，并在此基础上整理出一系列访谈相关的话题。为了对徐少春和金蝶有更多的了解，我们还先后访谈了金蝶高级副总裁、战略发展部总监田荣举，金蝶首席人力资源官（CHO）、副总裁、人力资源部总监吴建国，金蝶高级副总裁、金蝶研究院院长张良杰，金蝶互联网金融服务有限公司总裁王宏，深圳云之家网络有限公司总经理宋立超和深圳云之家网络有限公司副总经理郝登胜六位高管。在本书中，我们主要以“良知化蝶”为主题，重点关注徐少春在管理思想上的创新之处，结合中国传统文化精髓深度剖析其管理思想的发展轨迹及其内外逻辑主线。我们从其对企业战略、投资、人力和运营等方面的创新来叙述其主要思想，并进行简要评论。

感谢复旦管理学奖基金会和复旦大学东方管理研究院，也特别感谢苏勇教授的邀请，让我们能有机会参与“改变世界：中国杰出企业家管理思想访谈录”研究项目，感谢第一财经项目团队提供的大力支持。也特别感谢金蝶董事会主席徐少春和其他金蝶人接受项目组的访谈及大力支持。在本书的撰写过程中，金蝶也为我们提供了大量的内部资料，包括徐少春的重要内部讲话、集团重要新闻、集团内刊等，这些资料为我们提供了可靠的研究基础。除基于对访谈和内部资料外，我们还参阅了众多其他学者研究金蝶的相关书籍和期刊论文，对此一并表示衷心感谢！

由于本书对资料利用及研究视野存在一定局限，加之时间仓促，难免存在诸多不足之处，敬请读者批评指正！